Autismus - Leitfaden für Eltern zur Autismus-Spektrum-Störung & Narzissmus Narzisstische Persönlichkeitsstörung verstehen Auf Deutsch

ursprüngliche Autor dieses Werkes in irgendeiner Weise als haftbar für irgendwelche Härten oder Schäden angesehen werden kann, die ihnen nach der Durchführung der hier beschriebenen Informationen widerfahren könnten.

Darüber hinaus dienen die Informationen auf den folgenden Seiten nur zu Informationszwecken und sollten daher als universell angesehen werden. Wie es sich für sie gehört, werden sie ohne Gewähr für ihre verlängerte Gültigkeit oder vorläufige Qualität präsentiert. Erwähnte Marken werden ohne schriftliche Zustimmung verwendet und können in keiner Weise als Unterstützung des Markeninhabers angesehen werden.

Das Inhaltsverzeichnis

Autismus - Leitfaden für Eltern zur Autismus-Spektrum-Störung Auf Deutsch/ Autism - Guide for Parents to Autism Spectrum Disorder In German

Einführung

Herzlichen Glückwunsch zum Herunterladen von "Autism - Parents' Guide to Autism Spectrum Disorder" und vielen Dank dafür.

In den folgenden Kapiteln werden die Symptome und Merkmale, die die Autismus-Spektrum-Störung ausmachen, diskutiert und Informationen über verschiedene Aspekte der Elternschaft eines Kindes mit Autismus-Spektrum-Störung gegeben.

Es gibt viele Bücher zu diesem Thema auf dem Markt, also nochmals vielen Dank, dass Sie sich für dieses Buch entschieden haben! Es wurden alle Anstrengungen unternommen, um sicherzustellen, dass es mit so vielen nützlichen Informationen wie möglich gefüllt ist. Bitte genießen Sie es!

Kapitel 1: Einführung in den Autismus

Das Wort "Autismus" kann sich auf einige verschiedene Dinge beziehen. Es kann ein Symptom, eine Störung und ein Syndrom beschreiben. Die Idee für die Konzeption des Autismus, die wir derzeit haben, basiert auf einem negativen sozialen Effekt. Der Begriff "autistische Isolation" stammt aus der Beschreibung von psychiatrischen Patienten, die sich sozial isoliert gehalten haben.

Lassen Sie uns Autismus als eine Störung diskutieren. Die Autismus-Spektrum-Störung (die aktuellste Nomenklatur für die Störung) kann als eine Entwicklungsstörung betrachtet werden, die durch Beeinträchtigungen in der Kommunikation und in sozialen Beziehungen gekennzeichnet ist. Es handelt sich um eine recht komplexe Störung. Sie beinhaltet Verzögerungen und Probleme in einer Reihe von emotionalen, kognitiven, motorischen und sensorischen Fähigkeiten. Die spezifischen Verhaltensweisen, die sich aus der Diagnose ergeben könnten, sind nicht spezifisch für Autismus, sondern ergeben sich vielmehr aus einem grundlegenden Problem in Bezug auf Beziehungen, Kommunikation und Denken. Diese Verhaltensweisen könnten körperliches Drehen, das Ausharren bei einem bestimmten Wort ohne offensichtliche Bedeutung, das Aufstellen von Spielzeug oder andere Verhaltensweisen sein.

Die Verhaltensmerkmale beinhalten sich wiederholende und einschränkende Verhaltensmuster, wobei diese Muster vor dem dritten Lebensjahr beginnen. Die Kombinationen aus der Beeinträchtigung der relationalen Funktionen und den sich wiederholenden, einschränkenden oder stereotypen Verhaltensmustern machen also das "Was" der Autismus-Spektrum-Störung aus.

Diese Störung hat in den letzten etwa zwanzig Jahren immer mehr Aufmerksamkeit auf sich gezogen. Die Aufmerksamkeit hat sich in Büchern, Forschungspublikationen, Blogs und anderen Formen von Medien manifestiert. Mit dem wachsenden Bewusstsein für die Störung hat auch die Forschung zugenommen. Die ersten Erwähnungen des Autismus stammen aus den 1960er Jahren, aber nach den meisten Standards ist Autismus ein relativ neuer und missverstandener Zustand. Es handelt sich um eine moderne Störung, die durch die gegenwärtige kulturelle und technologische Linse, in der wir leben, bekannt ist. Sie ist als Ergebnis einer atypischen Entwicklung bekannt geworden und scheint auch einige umweltbedingte Ursachen zu haben.

Autismus wurde auf verschiedene Weise behandelt; er wurde als eine psychologische, neurologische, verhaltensbedingte und genetische Störung behandelt. Leo Kanner, ein Psychologe, der dafür bekannt ist, über Autismus zu schreiben, neigte zu einer organischen Interpretation. Er stellte die Theorie auf, dass er durch inhärente Unterschiede in den Gehirnen der Kinder verursacht wurde. Sein Schreiben lässt die Kategorie letztlich jedoch offen für Interpretationen.

Die Ursache der Autismus-Spektrum-Störung ist noch unbekannt. Ein Teil der Forschung unterstützt die Idee, dass ASS durch genetische Einflüsse entstehen kann. Eineiige Zwillinge haben die Störung mit größerer Wahrscheinlichkeit als zweieiige Zwillinge. Es gibt noch andere Faktoren, die nachweislich ebenfalls einen Einfluss haben. Dazu gehören die immunologischen, metabolischen und Umweltfaktoren im Leben eines Kindes. Es konnte nicht eindeutig nachgewiesen werden, dass eine einzige Ursache die Störung hervorruft. Eine hilfreiche Art und Weise, über die zugrunde liegende Ursache von Autismus nachzudenken, ist es, sie im Hinblick auf das kumulative Risiko zu betrachten. Das hilft zu erkennen, dass viele Faktoren zusammenwirken, um die Störung zu verursachen. Faktoren, die mit der pränatalen Erfahrung zusammenhängen, können ein Kind schon früh anfällig für Herausforderungen machen, einschließlich Stress und Krankheit. Dies ist eine neue Art und Weise, über die Verursachung nachzudenken, die anerkennt, dass es einen gewissen genetischen Einfluss gibt, die aber das allmähliche Auftreten von Problemen im Laufe der Zeit sieht und anerkennt, dass es einen Entwicklungsweg für das Kind geben kann.

Autismus und ASD stellen eine Vielzahl von Problemen dar, und damit auch eine Vielzahl von Schweregraden. Meistens verursachen diese Bedingungen Schwierigkeiten bei der Beziehung und dem Aufbau von Beziehungen, der Kommunikation und dem Denken. Es sind sehr komplizierte Entwicklungsprobleme. Die Probleme können unterschiedlich und in verschiedenen Kombinationen auftreten. Kinder mit dem so genannten Asperger-Syndrom zum Beispiel haben oft einen großen Wortschatz und können schon früh lesen. Sie haben jedoch Schwierigkeiten, Wörter sinnvoll zu verwenden. Sie haben vielleicht Schwierigkeiten, sie mit emotionaler Relevanz zu verwenden. Sie können Wörter immer und immer wieder wiederholen oder nur die strengste Definition des Wortes verstehen.

Eine weitere Variante, die auftaucht, sind motorische Planungsprobleme. Einige Kinder haben Schwierigkeiten, ihre Zunge und die Muskeln in ihrem Mund zu bewegen, um ihnen beim Sprechen zu helfen. Es kann den Anschein haben, dass sie kognitive Behinderungen haben, wenn sie einfach nur Probleme mit den körperlichen Einschränkungen ihrer moralisch-motorischen Fähigkeiten haben.

Es gibt ein paar grundlegende Probleme, die dazu neigen, Autismus und ASD zu charakterisieren. Das eine betrifft die Intimität und Wärme. Wenn ein Kind ein Problem in diesem Bereich hat, kann es schwierig sein, sich Erwachsene zu suchen, mit denen es sich wirklich wohl fühlt. Ein anderes ist die Kommunikation. Wenn das Kind nicht in einen konsistenten Fluss von emotionalen Signalen mit Lächeln, Stirnrunzeln, Kopfnicken und anderen körperlichen Gesten eingebunden ist, kann es in diesem Bereich Probleme haben. Das dritte ist die Sprache und der Gebrauch von Sprache. Wenn ein Kind Probleme in diesem Bereich hat, kann es sein, dass es den Worten oder Symbolen an emotionalem Engagement oder Verlangen fehlt.

Kapitel 2: Verstehen Sie Kinder mit Autismus?

Um ein Kind mit ASS zu verstehen, muss ein Elternteil nach Engagement streben. Engagement kann klein sein, eine körperliche Geste oder eine Gewohnheit der Berührung oder ein verbaler Austausch. Durch Engagement kann der Elternteil versuchen, in die Welt des Kindes einzutreten. Sobald die Eltern in die Welt des Kindes eingetreten sind, können sie ihm helfen, in eine gemeinsame Welt mit anderen einzutreten. Die Hauptdefizite von Autismus sind Schwierigkeiten mit der Aufmerksamkeit und mit dem Engagement. Dies kann das erste Ziel für Eltern, Erzieher und andere Fachleute, die mit Kindern mit ASD arbeiten, werden.

Die Eltern sind die Konstante im Leben von Kindern mit ASD. Sie sind die Menschen, die mit ihnen zusammen sind, während sie durch die Entwicklungsstadien wachsen. Sie werden sehen, wie ihr Kind Herausforderungen begegnet, Erfolg hat und sich mit der Navigation im Leben auseinandersetzen muss, so wie wir alle. Ebenso ist das Vorhandensein einer Autismus-Spektrum-Störung eine Konstante im Leben der Eltern und der Familie. Das Geheimnis des Autismus kann für Familien, die mit Kindern in Kontakt kommen, die ihn haben, eine Herausforderung sein. Familien mit Kindern mit ASS müssen ihre Kinder gut kennen. Sie werden sich auch gezwungen sehen, anderen Eltern und Mitgliedern der Gemeinschaft über die Störung zu berichten.

Zunächst einmal sollten die Eltern die Individualität und Einzigartigkeit eines Kindes anerkennen und feiern, anstatt sich auf die Symptome des Kindes und die Schwierigkeiten, die ASS mit sich bringen kann, zu konzentrieren. Die Individualität und Einzigartigkeit dessen, was für jeden, der mit dem Kind arbeitet, am lohnendsten ist. Es ist wichtig, dass Fachleute den Eltern zuhören, wenn sie über die positiven Eigenschaften ihrer Kinder sprechen.

Wenn die Symptome von ASD im Alter von 2 und 3 Jahren auftauchen, haben die Eltern vielleicht das Gefühl, dass die Dinge ein wenig "daneben" liegen. Es kann ein Mangel an Lächeln oder Weinen oder ein beunruhigender Mangel an Entwicklung in der Kommunikation vorliegen. Die schwersten Fälle von ASD werden am frühesten bemerkt. Der frühe Marker dafür ist normalerweise ein Problem mit der Sprache oder der Kommunikation. Dies kann die Eltern frustrieren, dass sie nicht in der Lage sind, mit ihren Kindern zu kommunizieren. Manchmal können die frühen Anzeichen auch ungewöhnliches Verhalten mit Spielzeug oder Menschen umfassen. Das Kind ist möglicherweise nicht in der Lage, sich auf das Spiel mit Spielzeug einzulassen, da die Welt für Kinder typisch ist. Es kann Gewohnheiten haben, umherzugehen oder sich auf einen bestimmten Aspekt der Welt zu konzentrieren.

In anderen Fällen bemerken die Eltern möglicherweise erst dann Symptome, wenn sich das Kind in einer Umgebung mit anderen Kindern aufhalten muss. Einige Eltern erinnern sich daran, dass sie ihre Kinder mit Alzheimer bei ihrem ersten Schulbeginn sehr unglücklich und unbehaglich gesehen haben.

Die Eltern werden auch Empfindlichkeiten gegenüber Sinnesreizen - Geräusche, Berührungen und Lebensmittel - bemerken. Diese können zunächst als eigenartige Macken des Kindes angesehen werden, tragen aber schließlich zu Problemen in der Entwicklung des Kindes bei.

Eltern blicken mit Hoffnung in die Zukunft, wenn ein Kind geboren wird. Sie haben den Wunsch, ihre Kinder zu schützen, zu nähren und zu lieben, damit sie das Erwachsenenalter erreichen und ein gutes Leben führen können. Manche Eltern fühlen sich sehr bedroht, wenn ASD präsentiert wird. Sie haben das Gefühl, dass sie in ihrem Risiko des Schutzes versagt haben, die Fähigkeit des Kindes, erfolgreich zu sein, wird beeinträchtigt, und die Eltern-Kind-Beziehung muss neu definiert werden. Es ist sinnvoll, dass ein Elternteil Angst und Besorgnis empfinden könnte, wenn er mit der möglichen Diagnose Autismus oder ASD konfrontiert wird. Die frühen Stadien der Diagnose können für die Eltern eine Zeit großer Anstrengungen sein; sie können ein Gefühl der Verlagerung erleben. Vor der Diagnose hatten sie eine Reihe von Ideen, Hoffnungen und Zielen für das Kind. Nach der Diagnose müssen sie ihre Erwartungen und ihre Orientierung an den aktuellen Stand der Realität anpassen. Sie können sich von Freunden und Familie isoliert fühlen, die nicht die Erfahrung gemacht haben, mit ASS so umzugehen, wie sie es getan haben. Andere Mitglieder der Großfamilie könnten sich weigern, die Situation zu akzeptieren, und vielleicht sogar die Eltern dafür verantwortlich machen.

Eine Möglichkeit, diese schwierige Zeit in Einklang zu bringen, besteht darin, anzuerkennen, dass Autismus und ASD ein Rätsel ist und dass es schwierig ist, mit ungelösten Rätseln umzugehen. Die Eltern müssen vielleicht ein Gefühl der Hilflosigkeit ansprechen und erkennen, dass sie mit ihrer Verwirrung nicht allein sind. Eltern, die dazu in der Lage sind, können mit dem Prozess der aktiven Bewältigung beginnen und ihre Ziele für das Kind neu definieren.

Um ihre Ziele für ihr Kind neu zu definieren und es auf seinem Entwicklungsweg zu unterstützen, müssen Eltern die Stärken und Schwächen des Kindes erkennen und anerkennen. Kinder mit ASS haben oft außergewöhnliche Fähigkeiten in einem isolierten Bereich und haben es in anderen Aspekten des Funktionierens schwer. Hier ist ein Beispiel für ein Kind mit ASD, das ein unvorhersehbares Gleichgewicht von Stärken und Schwächen hat: Ein vierjähriges Kind, Alison, hatte bei ihrer ersten Untersuchung eine sehr eingeschränkte Sprachfähigkeit und konnte das Wort "Feuerwehrauto" nur annähernd mit "ee-awk" beschreiben.

Das gleiche Kind hatte seit seinem zweiten Lebensjahr "Feuerwehrauto" mit Magnetbuchstaben auf dem Kühlschrank geschrieben. Die Stärken und Schwächen Ihrer Kinder zu verstehen, kann eine Herausforderung sein, da Kinder mit ASD nicht auf Testsituationen reagieren, wie man es sich vorstellen würde. Sie achten nicht darauf, was sie tun sollen, oder sprechen nicht mit dem Testbegleiter, sondern benutzen ihre Papiere und Stifte lieber auf unwahrscheinliche Weise oder zappeln auf ihrem Stuhl. Ein Kind mit ASD kennen zu lernen ist eine Kunst.

Wenn das Kind das Alter der Differenzierung erreicht und beginnt, den Unterschied zwischen sich selbst und anderen zu verstehen, wird es lernen, ein Gefühl von sich selbst zu integrieren. Ein integriertes Selbst ist in der Lage, mit dem integrierten Gefühl eines anderen zu interagieren. Kinder in diesem Alter verwenden Muster, um zu sehen, wie die Welt funktioniert. Das Drehen eines Türknaufs öffnet die Tür. Wenn man diesen Gegenstand umstößt, macht man ein lautes Geräusch. Die Kinder beginnen, die Welt in Mustern zu sehen, und erweitern ihr Verständnis dafür, wie sie funktioniert. Dies führt zu Erwartungen an die Welt und zur Bewältigung von Aufgaben und Körperlichkeit. Sie beginnen, Zustimmung von Missbilligung und Akzeptanz von Ablehnung zu unterscheiden. Sie werden beginnen, ihr Bewusstsein zu nutzen, um anders zu reagieren.

Kinder mit ASD haben möglicherweise Schwierigkeiten, Schlussfolgerungen zu ziehen, sich in andere Menschen einzufühlen und mit den Emotionen anderer Menschen umzugehen. Die Eltern sollten in dieser Zeit Einfühlungsvermögen für ihre Kinder haben und erkennen, dass ihr Mangel an emotionalen Signalen nicht einen Mangel an Liebe bedeutet.

Kapitel 3: Diagnose des Zustands

Die Diagnose von ASD kann schwierig sein. Es gibt keinen medizinischen Test, wie z.B. einen Bluttest, um nach dem Vorliegen von ASD zu suchen. Die Ärzte müssen das Verhalten, die Interaktion und die Entwicklung des Kindes beobachten, um eine sichere Diagnose zu stellen. Manchmal kann die Diagnose schon nach etwa 18 Monaten oder sogar früher gestellt werden. Wenn das Kind jedoch 2 Jahre alt ist, kann die Diagnose von einem vertrauenswürdigen Fachmann als zuverlässig angesehen werden. Viele Umstände führen dazu, dass ein Kind die Diagnose von ASS erst erhält, wenn es viel älter als 2 oder 3 Jahre ist. Dies kann dazu führen, dass dem Kind die entscheidende Hilfe in der frühen Entwicklung fehlt, die es braucht.

Der erste Schritt im Prozess der Diagnose von ASS ist ein Entwicklungsscreening. Dieses besteht aus einem kurzen Test rund um die Lernfähigkeit, um Verzögerungen in der Ausbildung oder der kognitiven Entwicklung zu erkennen. Während dieses Tests kann der Fachmann, der den Test durchführt, den Eltern Fragen über ihre Erfahrungen im Leben mit dem Kind stellen. Sie können mit dem Kind interagieren oder sogar mit ihm spielen, um seine Körperlichkeit, seinen Affekt und seine Kommunikation zu beobachten. Kinder sollten im Allgemeinen im Alter von 9 Monaten, 18 Monaten und 24 Monaten auf Verzögerungen in den oben genannten Bereichen untersucht werden. Eine zusätzliche Untersuchung ist normalerweise in Ordnung und könnte notwendig sein, wenn das Kind Bedingungen erfahren hat, die zu einem höheren Risiko von Entwicklungsproblemen führen.

Der nächste Schritt bei der Diagnose von ASS wäre eine umfassendere Bewertung der Entwicklung und des Verhaltens des Kindes. Dies kann auch ein längeres Gespräch mit den Eltern beinhalten. Das Seh- und Hörvermögen des Kindes wird untersucht, und es können weitere genetische oder neurologische Tests durchgeführt werden. In einigen Fällen wird der Hausarzt die Familie an einen Spezialisten überweisen. Zu den Fachärzten gehören Entwicklungspädiater, Kinderneurologen und Kinderpsychologen.

In dieser umfassenden Entwicklung wird der Facharzt, der die Betreuung übernimmt, nach zahlreichen Aspekten der beobachtbaren Anzeichen von ASS suchen und versuchen, den eigentümlichen Zustand des jeweiligen Kindes zu charakterisieren. Sie werden die Probleme mit der Kommunikation, dem Verhalten oder den sozialen Fähigkeiten identifizieren, mit denen das Kind möglicherweise speziell zu tun hat. Sie können auch dafür verantwortlich sein, das Stressniveau der Eltern zu bewerten und zu bestimmen, was die Eltern brauchen, um ihr Kind produktiv und gesund zu erziehen.

Es gab mehrere Studien, die sich mit der Verlässlichkeit der von den Eltern über die Entwicklung ihrer Kinder gelieferten Informationen befassten. Die Forschung hat gezeigt, dass die Eltern ihre Kinder ziemlich gut beschreiben und dass die Einbeziehung der Eltern in den Diagnoseprozess die Kommunikation innerhalb der Familie fördern, das Bewusstsein des Arztes steigern und ein klareres Bild der Probleme vermitteln kann.

Der Diagnoseprozess kann Eltern und Kindern eine Vorstellung davon vermitteln, was auf sie zukommt. Sobald sie eine Vorstellung davon haben, was auf ihr Kind zukommt, können sie damit beginnen, seine Entwicklung zu fördern, eine engere Beziehung aufzubauen und den Entwicklungsprozess ihres Kindes zu überwachen.

Kapitel 4: Die Sinneswahrnehmung, die soziale Interaktion und das Denkmuster

Jeder Mensch ist einzigartig in der Art und Weise, wie er die Welt mit seinen Sinnen erlebt. Wenn wir die einzigartigen Unterschiede bei Kindern mit ASD beachten, können wir ihnen helfen, flexibler zu werden und sich besser zu entwickeln.

Die Art und Weise, wie Menschen mit ASS die Welt durch ihre Sinne erleben, wird von allen zuvor diskutierten Faktoren beeinflusst, die als Teil der Ursache von ASS angesehen werden. Dazu gehören genetische, pränatale und postnatale Faktoren. Diese Einflüsse neigen dazu, sich in der Art und Weise auszudrücken, wie Kinder auf Empfindungen reagieren, Bewegungen organisieren und das, was sie hören und sehen, verarbeiten und verstehen. Die Arbeit mit Kindern mit ASS erfordert, dass wir uns daran erinnern, ihre "einzigartigen Biologien" zu berücksichtigen.

Alle Kinder werden mit sensorischen und motorischen Systemen geboren, aber diese Systeme müssen zusammenwirken und sich richtig koordinieren. Das, was diesen sensorischen und motorischen Mustern hilft, sich auf einer höheren Ebene zu verbinden, ist die Emotion. Die Empfindungen eines Kindes werden durch seine Emotionen mit seinen Handlungen verbunden. Wenn sich ein Baby beispielsweise umdreht, um seine Mutter anzuschauen, tut es das zum Teil, weil die Stimme der Mutter ein angenehmes Gefühl ist.

Wenn das Kind jedoch überempfindlich auf Geräusche reagiert, kann die normale Lautstärke einer Stimme störend sein. Sie können sehen, wie dies zu Schwierigkeiten bei der Koordination der Sinne und der motorischen Muster führen kann. Das Kind hat dann Schwierigkeiten, sich mit der Mutter zu verbinden. Die Überreizung kann zu einer Panik beim Kind führen. Wenn das Kind nicht in der Lage ist, seine Mutter oder seinen Vater zu hören, die nach ihm rufen, kann es auch Schwierigkeiten haben, seine Eltern anzusehen, die sich vom Klang der Stimme hätten leiten lassen. Es kann in die andere Richtung schauen und einen Mangel an Lächelaustausch erfahren und lernt, nicht nach warmen Verbindungen zu suchen.

Auditive Verarbeitung ist die Art und Weise, wie wir Informationen hören und wie wir das Gehörte verstehen. Es gibt ein Kodierungssystem, das uns hilft, zwischen verschiedenen Tönen, wie z.B. hohen oder tiefen Tönen, zu unterscheiden und Töne in Bezug auf Worte und Sprache zu verstehen. Sprache erfordert eine auditive Verarbeitung und das Ausdrücken von Gedanken und Reaktionen auf andere. Oftmals haben Kinder mit ASS Probleme im Bereich der Ausdruckssprache. Manchmal können sie die Informationen, die sie erhalten, nicht verstehen. Manchmal können sie nicht ausdrücken, was in ihren Köpfen vorgeht. Manche haben mit beidem Schwierigkeiten.

Probleme mit der auditiven Verarbeitung können zu Problemen in anderen Bereichen führen. Ein Beispiel wäre ein Kind mit ASD, das sich im Klassenzimmer aggressiv verhält. Zuerst scheint das Problem darin zu bestehen, dass das Kind absichtlich und ohne Grund aggressiv ist. Wenn die Betreuer oder Fachleute, die mit dem Kind arbeiten, jedoch etwas genauer hinsehen, können sie erkennen, dass das Kind Schwierigkeiten hat, Anweisungen zu hören, und dann mit der Herausforderung der Anpassung frustriert wird. Diese Frustration kann zu aggressivem Verhalten führen, wenn das Kind seinen Ärger über seine Situation zum Ausdruck bringt. Manchmal kann das Zeichnen einem Kind helfen, sein Denken komplex auszudrücken, ohne dass es sich durch die Schwierigkeiten der Sprache hindurch bewegen muss.

Ein weiterer Bereich, der Probleme verursachen kann, ist die motorische Planung und Sequenzierung. Dies bezieht sich darauf, wie wir auf unsere Ideen und Gedanken reagieren, normalerweise als Reaktion auf etwas anderes. Dies ist ein ganz normaler Prozess für junge Säuglinge. Zuerst nehmen sie den Laut auf und müssen ihn interessant finden. Dann müssen sie die körperliche Fähigkeit finden, ihre Muskeln zu bewegen (mit denen sie nicht viel Übung haben), so dass sie ihren Hals oder Körper dem Geräusch zuwenden können. Schließlich müssen sie die Kraft zur Drehung ihres Körpers ausüben und die Muskelbewegungen so koordinieren, dass sie wie gewünscht arbeiten. Sie suchen nach der Person, deren Stimme sie gehört haben, und versuchen, das Gesicht zu lokalisieren, von dem sie kam. Es gibt viel komplexere Aufgaben, die das Kind in den kommenden Monaten lernen muss.

Nach dem Säuglingsalter muss das Kind lernen, sich zielgerichtet zu bewegen, gefolgt von einem Bewusstsein für die Körpergrenzen von sich selbst und anderen. Es wird lernen, zu erkennen, wie sein Körper andere in Raum und Zeit beeinflusst, und wie es den Körper zur Koordination seiner motorischen Aktionen nutzen kann. Manchmal greift ein Kind mit ASD nach der Hand der Mutter, um etwas zu tun, anstatt die eigene Hand zu benutzen.

Vielleicht fehlt ihnen das Bewusstsein, dass sie etwas halten und drehen können. Sie hatten gelernt, dass die Hände ihrer Eltern es besser können und haben nicht die Fähigkeiten entwickelt, die für den Gebrauch der eigenen Hände erforderlich sind. Es ist viel Arbeit nötig, um diesen Entwicklungsrückstand auszugleichen. Dinge wie Musik oder Spiele, die das Kind in körperliche Aktivität verwickeln, wie Klatschen, können das Kind dazu ermutigen, seine Hände in Raum und Zeit zu benutzen. Wir können sie dazu ermutigen, den Deckel eines Behälters abzuheben, um etwas zu holen, oder an den Schnüren einer Schleife zu ziehen, um ein Paket zu öffnen.

Der Bereich des Sehens und des logischen Denkens ist ein weiterer Bereich, den es zu berücksichtigen gilt. Kinder werden oft versuchen, Spielzeug so zu benutzen, als ob es echt wäre, z.B. wenn sie versuchen, Puppenkleidung anzuziehen oder in einem Spielzeugauto zu fahren. Diese Experimente sollten nicht entmutigt werden; wir alle lernen, indem wir Dinge ausprobieren. Manchmal müssen Kinder versuchen, Spielzeug unlogisch zu benutzen, um in die Phase zu gelangen, in der sie es als symbolisches Spielzeug benutzen können.

Einfache Aufgaben wie das Helfen, einen Tisch zu decken, können einem Kind helfen, seine visuell-logischen Überlegungen zu nutzen und zu verstehen, warum die Dinge so sind, wie sie sind.
In dieser Phase werden Kinder beginnen, einige der Dinge zu zeichnen, die sie tatsächlich sehen, da sie die Ebene der Objektkonstanz und das Verständnis der Existenz von Objekten verstehen.

Kinder mit ASD müssen lernen, ihre Reaktion auf Sinnesreize zu modulieren. Wenn sie sich überfordert fühlen, kann es sein, dass sie das Gefühl haben, dass das Licht extrem hell ist oder dass eine Stimme laut kreischt. Einige Kinder mit ASD reagieren auf Reize. Sie erkennen vielleicht kaum, dass Sie da sind, warum Sie mit ihnen sprechen, oder nehmen kaum Berührungen wahr. Das kann dazu führen, dass sich Kinder zurückziehen und isolieren, weil sie keine Verbindung spüren.

Deshalb ist die Fähigkeit, den sensorischen Input zu modulieren oder zu regulieren, eine sehr anspruchsvolle und wichtige Aufgabe für Kinder mit ASS. Möglicherweise müssen sie lernen, die notwendigen Reize zu verstärken und Bewältigungsfähigkeiten zu erlernen, um ihre Reaktionen auf bestimmte Reize zu reduzieren.

Das Lernen, mit typischen sozialen Interaktionen zu rechnen, wird für die meisten Kinder mit ASS ein schwieriges Gebiet sein. Kommunikation ist für jeden, der mit Kindern mit ASS in Kontakt steht, sehr wichtig. Sobald ein Kind lernt, auf eine Bezugsperson zu achten, und ruhig und reguliert wird, ist es sehr wichtig, dass es lernt, sinnvoll zu kommunizieren. Sie beginnt auf der präverbalen Ebene, mit Gesten oder Nicken, oder mit Lächeln oder gurgelnden Geräuschen. Diese bilden die Grundlage für das, was zu Worten wird. Die Kommunikation wird während der gesamten frühen Entwicklung des Kindes exponentiell schneller.

Kinder müssen verbale Fähigkeiten lernen, um auf der präverbalen Ebene aufzubauen. Zunächst müssen sie Gesten beherrschen. Kinder, die keine Gesten zur Entwicklung der Sprache entwickeln, werden Schwierigkeiten haben, auf soziale Signale zu reagieren, und nicht wissen, was sie wann tun sollen. Die Fähigkeit, Sprache zu benutzen, hat auch Auswirkungen auf die Kognition und Intelligenz. Das grundlegende Prinzip der Kausalität wird gelernt, wenn ein Kind lernt, dass es von seiner Mutter ein Lächeln bekommen kann, indem es lächelt, gurrt oder kleine Gesten macht. Wenn es keine gleichberechtigte Kommunikation gibt, kann das Kind Kausalität auf eine zu begrenzte Weise lernen. Kognitive Fähigkeiten wachsen aus der Sprache heraus und sind auch Erweiterungen der präverbalen Kommunikation.

Viele Kinder mit ASD werden es schwer haben, sich auf die gegenseitige Kommunikation einzulassen. Um herauszufinden, wo man anfangen und wie man mit dem Kind umgehen soll, wird ein Fachmann oft versuchen, das Kind bei der Interaktion mit anderen zu beobachten, um zu sehen, ob das Kind ihre Welt teilt oder in ihr bleibt. Sie schauen, ob sie der Betreuungsperson zeigen können, auch wenn sie nicht sagen können, was sie wollen. Sie werden versuchen zu erkennen, ob das Kind Gesten als eine Möglichkeit zur Erforschung der Kommunikation nutzen kann.

Das Kind muss lernen, in beide Richtungen zu kommunizieren. Häufig muss der Erwachsene seine Kommunikationsfähigkeiten verbessern. Manchmal haben die Eltern Raum, um ihre körperlichen Gesten oder ihre Sprache zu verbessern.

Lassen Sie uns einige der Möglichkeiten besprechen, wie Eltern, Betreuer und Fachleute die Kommunikation fördern können. Zunächst einmal ist es wichtig, dem Beispiel des Kindes zu folgen, wenn dies möglich ist. Es ist wichtig, sich auf die Interessen, Emotionen und Ziele des Kindes einzustellen, damit das Kind ein Gefühl für seine Ziele bekommt. Das Kind dazu zu bringen, seine Initiative und Führung auszuüben, kann sehr therapeutisch sein. Die Betreuungsperson kann die Rolle des Helfers übernehmen und dem Kind bei der Wahl seiner eigenen Handlungen und Wege helfen.

Nehmen wir an, das Kind tanzt durch den Raum. Eine Möglichkeit für die Betreuungsperson, das Kind dort zu treffen, wo es ist, ist, mit ihm zu tanzen. Strecken Sie eine Hand aus, sehen Sie, ob sie zustimmen, und jetzt ist es ein Zwei-Wege-Tanz. Ein anderes Beispiel ist ein Kind, das ständig mit seinen eigenen Fingern auf selbststimulierende, zwanghafte Weise spielt. Das gibt uns einen kleinen Einblick in ihre Welt. Eine Betreuungsperson kann die

Finger des Kindes durch Berührung stimulieren, um die Kommunikation zu initiieren. Das Kind konzentriert sich auf die körperliche Berührung, so dass dies der Einstieg in die Unterstützung der Kommunikation wird. Eine andere Möglichkeit, die Kommunikation mit dem Kind herzustellen, besteht darin, "spielerisch hinderlich" zu sein. WENN das Kind mit einem Spielzeugauto spielt, könnte der Betreuer zum Polizisten werden, der dem Auto des Kindes in die Quere kommt. Dies gibt dem Kind die Möglichkeit, zu interagieren und eine Situation zu durchspielen, in der es einen gewissen emotionalen Inhalt hat.

Es gibt eine Reihe von Möglichkeiten, die Zwei-Wege-Kommunikation in Gang zu bringen, die Spiele einschließen. Peek-a-boo-Spiele, Verstecken, Musik- und Kunstaktivitäten sind einige Beispiele dafür. Diese können eine sichere, strukturierte Umgebung für die Kommunikation schaffen, so dass sich das Kind dabei wohl fühlt.

Die kognitive Entwicklung und die Denkmuster von Kindern mit ASS sind sehr eigenwillig, und die Einzigartigkeit jedes Kindes sollte sorgfältig berücksichtigt werden. Manchmal werden Kinder mit ASS zu wenig gefordert. Man erwartet von ihnen nicht, dass sie über die Grundlagen des Engagements und der Kommunikation weit hinausgehen. Kinder mit ASS können jedoch in allen Entwicklungsstadien gut vorankommen. Sobald Kinder in jungen Jahren die Realität von der Fantasie trennen, können sie zu multikausalem Denken gelangen. Dies ist die Fähigkeit, Ereignisse als aus mehreren Gründen zu verstehen. Es ist warm draußen, weil die Sonne am Himmel steht und weil es Sommer ist. Um diese Entwicklungsstufe herum beginnen Kinder, mehr als einen Grund für Ereignisse anzugeben, und ihre kognitiven Fähigkeiten nehmen in gleicher Weise zu. Ein anderes Konzept, das mit dieser Fähigkeit zusammenhängt, ist das Dreiecksdenken. Es zeigt die

Fähigkeit, eine dreiseitige Beziehung durch drei getrennte Einheiten zu verstehen.

In einigen Phasen der Geschichte wurden Kinder mit ASS als unfähig angesehen, höhere Ebenen des abstrakten und reflektierenden Denkens zu erreichen. Wir wissen jetzt, dass dies Kindern mit ASS helfen kann, unglaubliche Meilensteine zu erreichen und sie mit Tiefe und Feingefühl zu meistern. Einer der wichtigen Faktoren beim Erlernen und Beherrschen der Denkfähigkeiten ist die Art und Weise, wie mit ihnen zu Hause und in der Schule und in der Therapie interagiert wird. Es ist die Aufgabe von Lehrern und Eltern, standhaft und beharrlich zu sein, aber auch zu verhindern, dass sie in die Gewohnheit verfallen, ständig "das ist schlecht" zu sagen und Alles-oder-Nichts-Denken hervorzurufen. Abstraktes Denken wird eine schwierige Errungenschaft für alle Kinder sein. Kinder mit ADS werden Aufmerksamkeit brauchen, um etwas zu erreichen.

Kapitel 5: Wie man die Aufmerksamkeit eines Kindes mit Autismus erhält

Die Eltern haben die Fähigkeit, ihre Kinder zu überwachen, so dass sie die Entwicklung des Kindes in der Regel genau kennen. Mit diesem Wissen können sie die Anzeichen frühzeitig erkennen und angemessen reagieren.

Die erste Stufe besteht darin, die gemeinsame Aufmerksamkeit und die gemeinsame Regulierung zu erleichtern. Dazu müssen die Eltern den einzigartigen Hör-, Seh-, Berührungs-, Riech- und Bewegungsstil des Kindes beobachten. Hören Sie zu, um zu sehen, auf welche Art von Geräuschen reagiert wird. Das können hohe oder tiefe Töne sein. Sie können langsamere Rhythmen und schnellere Rhythmen ausprobieren. Schauen Sie, welche Art von Berührung das Kind gerne hat, um sich zu beruhigen und sich wohl zu fühlen.

Hier ist eine Strategie zur Navigation in dieser Phase: das "Sehen und Hören"-Spiel. Die Eltern stehen dem Kind von Angesicht zu Angesicht gegenüber und versuchen, mit ihm über seine braunen Augen, seine Haare und seine kleine Nase zu sprechen. Dabei sollten die Eltern versuchen, ihr Gesicht animiert zu halten und es nach rechts und links zu bewegen und versuchen, die Aufmerksamkeit des Kindes für einige Sekunden zu erregen. Dieses Spiel kann gespielt werden, während man das Baby hält, oder man kann das Kind sitzen lassen. Ein anderes ist das "Beruhigen Sie mich" Spiel. Dabei wird mit dem Baby geschaukelt, wenn es wählerisch oder müde ist. Berühren Sie beruhigend den Kopf, die Arme usw. des Babys und bewegen Sie die Zehen und Finger in einem Spiel vom Typ "kleines Schweinchen". Die Bewegung der Arme, Beine, Finger und Zehen des Kindes hilft bei der sensorischen Integration.

Der nächste Schritt ist die Erleichterung des Engagements und der Beziehung. Um diese Phase zu unterstützen, sollten die Eltern versuchen, zu sehen, welche Art von Interaktionen dem Kind Freude bereiten. Guck- und Versteckspiele, die den meisten Babys Freude bereiten, und rhythmische Klatschspiele können bei der Integration der auditiven Verarbeitungsaufgaben helfen. Troy, um zu sehen, wann das Kind einen magischen Moment hat. Dies kann geschehen, wenn es wachsam, aber entspannt, verfügbar und interaktiv ist. Folgen Sie den Interessen des Kindes, auch wenn es nur dumme Geräusche sind. Anstatt mit einem Spielzeug um Aufmerksamkeit zu konkurrieren, werden Sie Teil des Spiels. Eine Aktivität, die dabei hilfreich sein kann, ist ein einfaches Lächelspiel. Benutzen Sie Worte und Gesichter, um das Kind zu verleiten, seinen Gesichtsausdruck zu benutzen. Eine weitere Aktivität ist ein tanzendes Bewegungsspiel. Hier versuchen Sie, das Baby zu Geräuschen zu inspirieren und sich im Rhythmus der Stimme zu bewegen. Sie könnten sagen: "Tanz mit mir! Ich wette, du kannst es!"

Die nächste Stufe ist die Erleichterung zielgerichteter emotionaler Interaktionen. Dazu gehört eine Menge animierter Gesichtsausdrücke seitens der Betreuungsperson. Geräusche und Gesten gehören dazu, ebenso wie Worte und Dramen. An diesem Augenzwinkern kann man erkennen, dass das Kind aufmerksam ist und den Austausch genießt. In dieser Phase kann es von Vorteil sein, das gesamte Verhalten des Kindes, auch wenn es zufällig ist, als zielgerichtet zu behandeln. Wenn es vor Aufregung mit den Händen flattert, verwenden Sie das als Grundlage für eine interaktive Tanzbewegung. Wenn ihr Spiel ziellos erscheint, während sie ein Auto hin und her schiebt, können Sie ankündigen, dass es einen speziellen Zustellbrief gibt, der im Auto direkt an einen dem Kind bekannten Ort getragen werden soll.

Sie können Ihrem Kind dabei helfen, indem Sie ihm die Erreichung seiner Ziele erleichtern. Sie können ihm ein Spielzeug näher bringen, nachdem es mit dem Finger darauf zeigt. Dann können Sie die Durchsetzungskraft des Kindes fördern, indem Sie es dazu auffordern, z.B. den Teddybär nachts ins Bett zu bringen. Hier ist ein Beispiel für eine Aktivität, die Sie hier anwenden können: Schauen Sie sich den Gesichtsausdruck des Kindes an und spiegeln Sie diese Geräusche und Mimik auf spielerische Weise auf das Kind zurück.

Wenn Sie eine Reaktion hervorrufen können, haben Sie mit einer Feedback-Schleife eine sehr hilfreiche Entwicklungslinie geschaffen. Sie können auch ein Kommunikationskreisspiel ausprobieren. Versuchen Sie zu sehen, wie viele Hin-und-Her-Interaktionen Sie jedes Mal aufrechterhalten können, wenn das Kind ein vorher festgelegtes körperliches Ziel verfolgt, wie z.B. das Streicheln des Kopfes. Schauen Sie, wie oft das Baby versuchen wird, Ihre Hand zu öffnen, wenn Sie etwas Interessantes in ihm versteckt haben. Jedes Mal, wenn Sie bei einer dieser Interaktionen hin- und hergehen, gibt es einen Kommunikationskreis.

Die nächste Stufe, um die Aufmerksamkeit Ihres Kindes zu erhalten und die Interaktion zu erleichtern, ist die gemeinsame Problemlösung. Das hilft, das Kind dazu zu bringen, Probleme in Gruppen anderer Menschen zu lösen. Schaffen Sie im Spiel vorgetäuschte Probleme, so dass das Kind die Möglichkeit hat, mit Problemen zu spielen. Sie könnten ankündigen: "Dieses Auto bewegt sich nicht! Was werden wir tun?" Dadurch wird eine Spielbarriere für das Kind mit Spielzielen geschaffen. Sie können einen kontinuierlichen Kommunikationsfluss aufbauen. Es hilft, einen sehr hellen Gesichtsausdruck zu haben und Ihre Gefühle durch Ihre Stimme und Ihren Ausdruck zu zeigen, um dem Kind zu helfen, seine Absichten zu verdeutlichen. Dadurch wird die Fähigkeit des Kindes erhöht, Bewegungen zu planen, den Körper zu benutzen und die Sinne und die initiative Fähigkeit unter verschiedenen Umständen zu nutzen.

Das Schaffen von Ideen ist das, was nach der emotionalen Interaktion kommt. Hier wird das Kind aufgefordert, seine Bedürfnisse, Wünsche und Interessen auszudrücken. Die Betreuungsperson sollte Situationen schaffen, in denen das Kind seine Gefühle oder Absichten ausdrücken möchte. Sie kann Ideen sowohl für phantasievolle Spielsituationen als auch in alltäglichen Gesprächsinteraktionen verwenden. Es ist nützlich, in dieser Phase Worte und Ideen mit Wirkung zu kombinieren. Das Kind sollte ermutigt werden, alle Arten von Ideen oder Emotionen oder Themen zu verwenden. Das Kind muss diese Bereiche erforschen, um seine eigenen Ideen zu entwickeln.

Die Eltern können dem Kind helfen, seine Gesprächsfähigkeiten durch Plaudern zu entwickeln. Wenn das Kind verbal ist, schauen Sie, wie viele Kommunikationskreise Sie mit Wörtern, Sätzen oder kurzen Sätzen haben können. Sie können sogar aus einer Antwort mit nur einem Wort ein langes Gespräch machen. Aktivieren Sie die Fähigkeit des Kindes, sich zu verstellen, indem Sie ein Spiel einleiten. Sie können ein Drama oder neue Wendungen in das Spiel des Kindes einbringen. Fordern Sie es auf, auf unterschiedliche Weise zu spielen und die Figuren zu wechseln. Wenn Sie die Rolle des Erzählers übernehmen können, kann Ihnen das helfen, die Handlungen des Kindes zusammenzufassen und das Kind zu ermutigen, in der Geschichte weiterzugehen.

Der nächste Schritt ist die Förderung des logischen Denkens. Dazu müssen alle vorhergehenden Phasen genutzt werden; das Kind muss den Kommunikationskreis schließen, indem es sowohl im

Spiel als auch in der alltäglichen Interaktion Ideen verwendet. Es muss Ideen und Nebenhandlungen miteinander verbinden. Auf diese Weise bauen sie Brücken zwischen den Ideen. Wenn sie verwirrt oder zersplittert werden, ziehen sie sich zurück und fordern sie auf, in ihrem Denken auf den Punkt zu kommen. Offene Fragen sind in diesem Szenario wichtig. Einige Möglichkeiten haben mit dem Hier und Jetzt zu tun: "Was fühlen Sie im Moment? Worüber sprechen wir?"

Kapitel 6: Wie Sie helfen können, ihr zwanghaftes Verhalten zu verbessern

Wenn sie versuchen, das zwanghafte Verhalten eines Kindes zu verbessern oder zu modifizieren, sollten die Eltern zunächst auf dem bereits vorhandenen Wissen aufbauen wollen, das sie bereits haben. Eltern sind oft sehr sensibel für das Verhalten und die Bedürfnisse ihrer Kinder, aber manchmal sind sie sich des umfangreichen Wissens, über das sie verfügen, nicht bewusst.

Eine Möglichkeit, wie Eltern sich an die Bewältigung problematischer Situationen anpassen, ist die Änderung von Routinen. Manche Eltern finden zum Beispiel, dass sie dem Kind nachts ihr Lieblingsspielzeug geben; sie werden in dieser ersten Schlafenszeit weniger weinen. Andere fanden heraus, dass ihr Kind Schinken und Brot getrennt essen würde, aber nicht als Sandwich. Andere stellen fest, dass sie, wenn ihr Kind rechnet, Probleme haben, die Zahlen in Einklang zu bringen, aber sie erhalten trotzdem die richtigen Antworten. Die Eltern kauften ihm Millimeterpapier mit Strichen, damit es die Zahlen in einer Reihe anordnen und schön darstellen kann.

Eltern können solche Lösungen finden, wenn sie die Wurzel der Verhaltensweisen, die sie sehen, berücksichtigen. Oft sind diese Verhaltensweisen zwanghaft oder beharrlich, was bedeutet, dass das Kind immer wieder zurückkommt, um dasselbe Verhalten zu zeigen. Obwohl die Eltern Lösungen für diese Situationen finden, nehmen sie manchmal keine breitere Sichtweise der Lösungen oder der Wurzel des Problems ein. Durch die Entwicklung eines Vokabulars zur Identifizierung und Beschreibung des zwanghaften Verhaltens können die Eltern besser verstehen, wie sie mit dem Verhalten umgehen und dem Kind bei der Anpassung helfen können.

Manchmal sind zwanghafte Verhaltensweisen ein Anzeichen für erhöhte Unruhe oder Stress. Das Kind reibt sich möglicherweise die Ohren, verdreht die Haare oder fasst die Hände zusammen. Dies können Anzeichen für eine bevorstehende Krise sein. Die Eltern sollten darauf achten, dass sie auf diese Zeichen nicht über reagieren, da sie bereits gelernt haben, die Bedeutung dieser Zeichen vorherzusehen.

Eltern sind in der Regel ziemlich gut über die Präferenzen ihres Kindes informiert. Sie sollten diese Präferenzen so weit wie möglich respektieren, denn dadurch wird das Bedürfnis nach zwanghaftem Verhalten des Kindes verringert. Effektive Belohnungen für Kinder mit ASD sind sehr individuell. Was bei einem Kind funktioniert, wird bei vielen anderen nicht funktionieren. Die Eltern müssen sich bemühen, ihr Wissen über das Kind anzuwenden, um Belohnungen und Umgebungen zu schaffen, die für das Kind anregend und lohnend sind. Eltern müssen sich auch bemühen, nicht in Selbstschuld oder Selbstzweifel zu verfallen, und müssen ihren Entscheidungsfähigkeiten vertrauen.

Oftmals verhalten sich Kinder mit ASS herausfordernd, weil sie etwas brauchen oder wollen, das sie nicht bekommen können. Andere Male versuchen sie zu vermeiden, etwas zu tun, was sie nicht tun wollen. Dies zeigt, dass zwanghaftes Verhalten oft der Versuch von Kindern mit ASD ist, zu kommunizieren. Es ist selten, dass Kinder, selbst Kinder mit schwerem Autismus, sich schlecht benehmen, nur um die Geduld anderer zu testen. Es ist wahrscheinlicher, dass Kinder Strategien anwenden, die sie durch Erfahrung gefunden haben, um ihnen bei der Bewältigung von Problemen zu helfen.

Auf der äußeren Ebene mag das Problem trivial erscheinen. Zum Beispiel möchte das Kind vielleicht seinen Lieblingsfilm zum vierten Mal an diesem Tag sehen, oder es möchte so sehr auf das Zähneputzen verzichten, dass es eine leichte Krise hat. Diese kleinen Wünsche können sich in größere Störungen verwandeln. Die Eltern werden die Bedürfnisse der Kinder antizipieren wollen, ihnen alternative Möglichkeiten zur Kommunikation ihrer Bedürfnisse bieten und die Kinder für diese positiveren Ansätze belohnen. Dies wird dazu beitragen, schwieriges Verhalten zu reduzieren. Die meisten Eltern wenden diese Strategien an und wissen es nicht einmal.

Bei der Analyse von Verhalten gibt es ein System von vier Schritten, die angewendet werden können, um objektiv zu beobachten, was vor sich geht. Der erste ist die Identifizierung der Situationen, in denen zwanghaftes Verhalten auftritt. Der zweite ist das Erkennen der Gründe für herausforderndes Verhalten. Der dritte Schritt ist das Finden von positiven Alternativen zum zwanghaften Verhalten. Schließlich sollten die Eltern positives Verhalten belohnen. Die Eltern können diese Schritte nutzen, um Probleme zu lösen, wenn sie auftreten. Dies wird sich für positivere Familieninteraktionen eignen.

Einige häufige Situationen, in denen zwanghaftes Verhalten Störungen verursacht, sind alltägliche Routineaktivitäten wie Anziehen, Baden usw., angenehme Aktivitäten, Menschenmassen, Fremde, zu viele Anweisungen auf einmal, zu viele Anforderungen, mangelnde oder übermäßige Stimulation. Dies zu wissen, kann den Eltern helfen, die Vorgeschichte oder die Ursachen von Verhaltensweisen zu bestimmen. Dies ist eine wichtige Fähigkeit für Drucke. Sie müssen lernen, zu beschreiben, was kurz vor dem Problem passiert. Manchmal ist die Vermeidung der Situation die beste Option. Offensichtlich ist dies nicht immer praktisch, so dass es viele Situationen gibt, in denen Anpassungen notwendig sind. Wenn es eine Situation gibt, die sich nicht vermeiden lässt, müssen die Eltern diese Situation vorhersehen und sich darauf vorbereiten.

Die Vorbereitung kann in verschiedenen Situationen unterschiedlich aussehen. Manchmal geht es darum, ein Kind abzulenken. Wenn es einige schöne, leuchtende Blumen gibt, können Sie versuchen, die Aufmerksamkeit des Kindes für eine Weile auf sie zu lenken. Manchmal kann es dem Kind helfen, mit der Situation umzugehen, besonders bei älteren Kindern, wenn man ihm einfach sagt, dass etwas Unerwartetes passieren wird, und ihm Ratschläge gibt, was es tun soll. Diese können sich als kleine Erinnerungen manifestieren, wie z.B. die Erinnerung an die Jacke, die das Kind mitbringen muss, wenn es draußen kalt ist.

Dinge wie Selbsthygiene, Schulbesuch und Therapie sind Situationen, die sich nicht vermeiden lassen. Das Kind muss einige Situationen ertragen. Das allgemeine Wohlbefinden der Familie wird verbessert, wenn das Kind mit ASD die Nacht durchschläft, isst, badet und sich allgemein wohl fühlt. Dies erfordert, dass das Kind die aktive Handlung durchläuft, die erforderlich ist, um all diese Dinge geschehen zu lassen.

Denken Sie daran, dass Kinder mit ASD in der Regel ihre Bedürfnisse nicht artikulieren können und nicht auf herkömmliche Weise lernen. Sie neigen dazu, ihre Wünsche und Bedürfnisse als intensiv und unmittelbar zu erleben. Eine zeitliche Verzögerung kann unerträglich erscheinen. Die Eltern müssen darauf hinarbeiten, diesen Kreislauf zu durchbrechen. In der Regel können sie erkennen, was das Kind will. Das ist der erste Schritt zur Lösung des Problems des zwanghaften Verhaltens. Das gibt uns eine spezifische Aufgabe: eine angepasste Alternative zu finden, die die gleiche Funktion erfüllt. Kinder mit ASD haben nicht die Absicht, unangenehm zu sein. Sie wissen nur, dass sie verärgert sind, weil sie etwas brauchen, das sie nicht bekommen. Oft kommt das zwanghafte Verhalten auf, weil das Kind einfach nur Aufmerksamkeit will. In diesem Fall kann es notwendig sein, die Aufmerksamkeit zu modulieren und die Aufmerksamkeit als Belohnung für bestimmte Verhaltensweisen zu verwenden.

Ignorieren ist normalerweise nicht effektiv und kann schädlich sein. Das Ignorieren der Notwendigkeit wird sie nicht verschwinden lassen. Das Ignorieren von Kindern mit ASS bringt ihnen nichts bei, um sie über angepasste Wege zur Erfüllung ihrer Bedürfnisse zu belehren. Das aktive Lehren solcher Alternativen ist der Weg, zwanghaftes Verhalten zu reduzieren oder zu beseitigen.

Kapitel 7: Wie Sie Ihr autistisches Kind unterrichten

Sobald die Eltern gelernt haben, die Vorgeschichte des zwanghaften Verhaltens vorherzusagen, können sie damit beginnen, dem Kind eine praktische und positiv adaptive Alternative zu dem zwanghaften Verhalten beizubringen. Sie sollten darauf achten, nicht alles auf einmal zu übernehmen; in der Regel sollten sie auf eine bestimmte Situation abzielen, um alternative Fähigkeiten über diese Situationen zu vermitteln. Sobald die Eltern das Lehrziel identifiziert haben, müssen sie darauf achten, dass sie herausforderndes Verhalten in dieser Situation nicht wirksam werden lassen. Dies kann sich für viele Eltern als eine Herausforderung erweisen, weil alle Eltern ihrem Kind helfen wollen, glücklich zu sein.

Wenn das Kind jedoch lernt, dass ein Wutanfall ihm das bringt, was es sich wünscht, wird der Lernprozess zum Stillstand kommen und seine Entwicklung verkümmern. Ein weiterer schwieriger Teil dieses Problems besteht darin, dass es nicht richtig funktioniert, dem Kind die alternativen Verhaltensweisen beizubringen, die zum Zeitpunkt des Verhaltens nicht funktionieren. Nützliches Lernen findet nicht statt, wenn die Menschen verärgert sind. Stattdessen sollten die Eltern versuchen, Situationen zu arrangieren, in denen das zwanghafte Verhalten wahrscheinlich auftritt, und dann eingreifen, um die alternative Fähigkeit zu lehren, bevor das Kind zu weit in einen emotionalen Zustand gerät.

Wenn Kinder mit ASS unterrichtet werden, sollten Betreuer und Fachleute eine positive Kommunikationsstrategie anwenden. Kinder mit guten Sprachkenntnissen können lernen, "Hilfe, bitte" zu sagen. "Andere können lernen, ein Zeichen für "Hilfe" zu setzen.

Nonverbalen Kindern kann beigebracht werden, visuelle Informationen zur Vermittlung ihrer Grundbedürfnisse zu nutzen. Das Lernen muss für Kinder mit ASD sehr spezifisch und konkret sein. Ein Kind, das lernt, beim Betten machen um Hilfe zu bitten, wird diese Strategie in der Regel nicht anwenden, um bei irgendetwas Aal Hilfe zu bekommen. Wenn die Eltern jedoch einen Weg gefunden haben, dem Kind beizubringen, in einer Situation um Hilfe zu bitten, wie z.B. beim Betten machen, können sie dem Kind beibringen, in anderen Situationen um Hilfe zu bitten.

In historischen und oft veralteten Büchern über Autismus gibt es oft das Bild von Kindern, die außer Kontrolle sind, ziellos und körperlich außer Kontrolle geraten. Früher war die Vorstellung, dass Kinder mit ASD selbstsüchtig und selbstsimulierend sind und sich überhaupt nicht mit anderen in Beziehung setzen können. Das ist nicht die Realität. Viele Kinder mit ASD zeigten keine extremen Verhaltensweisen und wurden nicht einmal diagnostiziert. Man dachte, sie seien schwer zu erziehen, weil ihr Verhalten unbehandelt war und niemand ihre Herausforderungen verstand. Wir haben jetzt eine neue Art, über die Erziehung bei ASD nachzudenken, weil wir die komplexen Unterschiede bei Kindern mit ASD gesehen haben und die Anzeichen, Symptome und Merkmale der Störung besser verstehen.

Das Denken kann für Kinder mit ASS oder anderen Lernbehinderungen schwierig sein. Ti kann schwieriger sein, wenn sie nur dazu ermutigt werden, auswendig gelernte Fakten wiederzukäuen. Sie können jedoch lernen, mit einem angemessenen Lernstil zu denken.

Zu Beginn ist es für das Kind sehr wichtig, sich in einem Einzelunterricht zu engagieren. Dies muss zwischen Heim und Schule koordiniert werden. Die Pläne für zu Hause und die Schule müssen Teil des Gesamtprogramms sein, was bedeutet, dass sich

Lehrer und Eltern etwas häufiger treffen müssen, um sich über die Geschehnisse mit dem Kind auszutauschen. Wenn eine Schule beschließt, die Eltern nicht im Klassenzimmer beobachten oder mithelfen zu lassen, oder wenn die Eltern nicht mitteilen, was zu Hause vor sich geht, besteht die Gefahr, dass die Qualität der Ausbildung des Kindes erheblich beeinträchtigt wird. Es kann auch sehr hilfreich für Eltern von Kindern mit ASD sein, sich regelmäßig zu treffen und über ihre Erfahrungen mit dem Erbe zu sprechen.

Einige Spezialisten können für das Lernen des Kindes sehr wichtig sein, wie z.B. Sprachpathologen, Ergotherapeuten oder Musiktherapeuten. Wir sehen bereits, wie anspruchsvoll es sein kann, Eltern eines Kindes mit ASD zu sein, da die Eltern dafür verantwortlich sind, eine Beziehung zum Bildungssystem zu arrangieren, mit der Eltern eines neurotypischen Kindes möglicherweise nicht umgehen müssen. Dann müssen sie gegebenenfalls eine koordinierte therapeutische Behandlung durchführen.

Die Musiktherapie hat sich bei einem Kind mit ASS als besonders nützlich erwiesen. Musik hat einen zeitlichen (zeitlichen) Aspekt und beschäftigt auch den Hörsinn, den Tastsinn und den Sehsinn. Musik ist insofern einzigartig, als sie all diese Stimulationsrichtungen kombiniert und mit emotionalen Inhalten verbindet. Der emotionale Inhalt kann aus vielen verschiedenen Aspekten der Musik stammen; die Interaktion mit dem Musiktherapeuten kann ein Gefühl von Wärme und Verbundenheit vermitteln. Das Lied kann von etwas handeln, das dem Kind gefällt, wie z.B. ein Essen oder eine Aktivität. Ein Musiktherapeut kann helfen, all diese Sinneserfahrungen in ein positives Lernen und eine positive Entwicklung des Kindes zu integrieren. Singen kann bei der motorischen Planung der Sprache helfen. Der Augenkontakt kann verbessert werden. Probleme im Zusammenhang mit dem emotionalen Ausdruck können gemildert werden, da dem Kind eine Möglichkeit gegeben wird, kathartische Erfahrungen zu machen.

Sobald die Grundlagen des Lernens beherrscht werden, verlagert sich der Schwerpunkt der Erziehung auf die Förderung des kreativen und logischen Denkens. Anstatt sich auf ein Ziel zu konzentrieren, wie z.B. das Anziehen von Schuhen, wird das Kind darüber nachdenken müssen, warum wir Schuhe anziehen. Unser Sonderschulsystem wurde durch ein Top-Down-Modell geschaffen, in dem wir uns ansehen, was ältere, neurotypische Kinder tun können, und diese Ziele dann auf jüngere Kinder anwenden. Dies hat einige Blockaden in der Entwicklung unserer Sonderpädagogik geschaffen. Ti hat inzwischen eine Menge oberflächlicher Fähigkeiten entwickelt.

Um beim Lernen voranzukommen, müssen Kinder in der Lage sein zu denken. Die Denkfähigkeiten fördern das Leseverstehen, die Geschichte, die Mathematik und die anderen Studien, die das Kind lernen muss. Die Denkfähigkeiten führen auch zu besseren Verhaltensweisen. Wenn Kinder erst einmal darüber nachdenken können, warum Dinge sind und was sie sind, werden sie in der Lage sein, herauszufinden, warum sie andere Kinder nicht drängen sollten und warum sie teilen müssen.

Um kreatives und logisches Denken zu fördern, muss ein pädagogisches Umfeld Zeit für die Bemühungen um die Schaffung von Grundlagen aufwenden und dann von dort aus wachsen.

Kreatives Denken ist ein interessantes Thema. Es kann auf viele Arten gefördert werden. Zu den Aktivitäten, die den kreativen Gebrauch von Ideen fördern, gehören Spiel, Drama, Kunst und

Musik oder körperliche Aktivitäten. Eine der effektivsten dieser Aktivitäten ist das Spiel. Es kann sehr wichtig sein, dass der Betreuer oder Lehrer auf den Boden kommt, um mit dem Kind zu interagieren. Wenn sie sich auf den Boden setzen und mit dem Kind spielen können, bringen sie sich selbst auf die Ebene des Kindes, und das gibt dem Kind ein Gefühl der Gleichheit, und die Betreuungsperson scheint weniger eine Autorität als vielmehr eine vertrauenswürdige Figur zu sein. Die Eltern oder die Betreuungsperson sollten das Kind in ein vorgetäuschtes Drama verwickeln und versuchen, das Drama so kompliziert wie möglich zu gestalten. Kinder sollten schon früh im Leben zum symbolischen Denken ermutigt werden. Die Fertigkeiten, die beim Vortäuschungsspiel erforderlich sind, laufen darauf hinaus, dass Kinder das Abstrakte mit dem Konkreten verbinden. Es ermöglicht ihnen, sich einen Sinn für ihre Welt zu bilden, sich selbst und andere auf unterschiedliche Weise zu denken und Möglichkeiten zu erkunden.

Die Eltern sollten versuchen, eine einladende Umgebung für symbolisches Spiel zu schaffen und das Kind neue Wege des Handelns und Lernens erforschen und finden lassen. Es ist wichtig, dass das Kind das Spiel auf der Grundlage seiner eigenen Interessen und Neugierde initiieren darf. Der Spielbereich kann mit Spielzeug und Requisiten ausgestattet sein, die einen Bezug zum realen Leben haben. Versuchen Sie, bei der Auswahl von Spielzeug darüber nachzudenken, was dem Kind Spaß macht. Kinder verstehen leicht Spielzeug, das die reale Welt mit ASD repräsentiert, und es kann hilfreich sein, das Spielzeug zu benutzen, das das Kind liebt. Sie repräsentieren die tieferen Bindungen des Kindes und sind Symbole, die helfen können, die Gefühle des Kindes zu entschlüsseln. Sie können Tiere, Lastwagen, Züge oder bestimmte Nahrungsmittel lieben. Es ist wichtig, sich in ihrem Interesse mit dem Kind zu verbinden und durch Ihre

Interaktionen die Ideen zu erweitern und zu vertiefen. Spielzeug kann eine Art Sprache für Kinder mit ASD darstellen, und dies ermöglicht ihnen, spielerisch zu lernen. Sie können mit Spielzeug spielen, bevor sie zu sprechen beginnen. Sie könnten es benutzen, um Ihnen ihre Interessen und Gedanken zu zeigen, bevor sie in der Lage sind, ihre Worte zu benutzen.

Es ist angebracht, die Darstellung in der Art und Weise zu fördern, wie das Kind Spielzeug benutzt. Einige Figuren oder Puppen könnten Familienmitglieder oder Freunde darstellen. Das Kind ist eher in der Lage, diese Darstellungsart mit Namen aus der eigenen Familie zu handhaben, bevor es eine Figur mit einem unbekannten Namen akzeptiert. Die Eltern müssen sich hier auf das Drama einlassen und die Figur, die mit dem Spiel des Kindes funktioniert, nachspielen. Eine lustige Art und Weise, dies zu tun, besteht darin, Möbeln oder anderen Gegenständen, die sich in der Umgebung befinden, eine symbolische Bedeutung zu geben. Wenn das Kind auf die Spitze des Sofas klettert, kann ein Elternteil so tun, als ob es einen Berg besteigt, und wenn es die Rutsche herunterkommt, behandeln Sie es so, als ob es in den Ozean hinunterrutschen würde.

Insgesamt kann es von Vorteil sein, die Ideen des Kindes zu erweitern und auszuarbeiten, damit es eine Vorstellung davon bekommt, wie es seine kreativen Ideen erweitern kann. Geschichten sind ein wichtiger Teil der Kommunikation und Kreativität, und um eine überzeugende Geschichte zu schaffen, müssen wir sie ausarbeiten und erforschen. Sie können auf diese Weise eine Argumentation einführen, indem Sie praktische Gründe für das Handeln der Spielfiguren in einer bestimmten Weise einfügen. Sie können das Spektrum der Themen und Emotionen erweitern, indem Sie verschiedene Arten von Emotionen erforschen, darunter Wut, Trauer, Freude,

Überraschung, Eifersucht, Rivalität, Macht, Rache, Freundschaft, Loyalität, Gerechtigkeit und Moral.

Das Drama hilft, all diese Emotionen und Erfahrungen zu veranschaulichen. Wenn möglich, kann eine Bezugsperson oder ein Elternteil die Ideen und Gefühle während der Geschichte und nach dem Ende der Geschichte reflektieren. Wenn man die Themen und Gefühle des Kindes diskutiert und sie dazu bringt, den Sinn der Geschichte herauszuarbeiten, kann man ihnen helfen, Abstraktionsfähigkeiten zu entwickeln und das Richtige und Falsche in der Geschichte zu bestimmen. Symbolisches Spiel und reflektierende Gespräche können zu sicheren Wegen werden, um die Bandbreite emotionaler Erfahrungen zu üben, zu verstehen und zu meistern. Sie bauen Brücken zwischen Ideen und Gedanken, zwischen Abstraktion und Realität.

Um einem Kind mit ASD beim Lernen zu helfen, kann eine gewisse Struktur in der täglichen Routine notwendig sein. Kinder mit ASD haben Unterschiede in der Art und Weise, wie sie Informationen verarbeiten. Eine gewisse Zeit des Tages sollte in einem Einzelgespräch oder in einer kleinen Gruppe verbracht werden, um die Verarbeitungsfähigkeiten zu verbessern. Dazu gehören die auditive, visuell-räumliche, motorische Planung, Sequenzierung und sensorische Modulation. Aktivitäten wie Tanzsport, Kunst und Theater sind großartig, wenn sie in diese grundlegenden Komponenten integriert werden. Es sollten Ziele für das Lernen des Individuums gesetzt werden, indem das aktuelle Niveau der Fähigkeiten des Kindes bestimmt wird und dann das Ziel für die nächste Stufe geschaffen wird, die das Kind erreichen soll.

Zwanzig-Minuten-Schritte eignen sich normalerweise recht gut als Zeitrahmen für die verfügbare Aufmerksamkeitsspanne. Zwanzig Minuten kann man auf dem Boden spielen und an

Sprachkünsten arbeiten, zwanzig Minuten mit der visuellen Verarbeitung und zwanzig Minuten mit der regulatorischen Verarbeitung verbringen.

Ein weiterer Teil des Tages sollte mit der Arbeit an höheren Ebenen des Denkens verbracht werden. Dies beginnt mit der Einführung von Kreativität und Situationen mit hohem Affekt in für das Kind verständlichen Situationen.

Ein weiteres Drittel des Tages kann sich auf das Denken von Akademikern konzentrieren, in der Hoffnung, die höheren Denkfähigkeiten auf Schulaufgaben anzuwenden, die auf die Denkfähigkeiten des Kindes ausgerichtet sind.

Wenn es darum geht, die Ausbildung, den Schulbesuch und andere Dienstleistungen für ein Kind mit ASS zu planen, können die Eltern überfordert sein. Zunächst erhält die Familie eine Diagnose und eine Reihe von Interventionsempfehlungen. Dann müssen sie die Phase durchlaufen, in der bestimmt wird, welche Dienstleistungen verfügbar und praktisch sind, um sie mit einzubeziehen.

Es gibt viele Meinungen über eine erfolgreiche Behandlung und Erziehung bei Störungen des Autismus-Spektrums, die online, in Büchern oder in Gesprächen mit anderen Eltern zu finden sind. Die Arten von Diensten, die Kindern mit ASS angeboten werden, sind in den USA sehr unterschiedlich. Eltern, die wissen, was ihnen zur Verfügung steht, können gute Entscheidungen darüber treffen, was ihr Kind braucht.

Es gibt keine einzige Art von pädagogischen oder therapeutischen Programmen, die für alle Kinder funktionieren. Es gibt eine große Bandbreite von Schwierigkeiten, die von Menschen mit ASS erlebt werden, und die Stärken sind sehr ungleichmäßig verteilt. Die

Lernmuster sind bei jedem Kind anders. Diese Variabilität ist einer der schwierigsten Aspekte der Erziehung für Kinder mit ASS. Jede Erfahrung, die das Kind mit dem Elternteil macht, ist einzigartig. Individualisierung ist entscheidend.

Gleichzeitig gibt es einige allgemeine Konzepte und Ideen, die wir daraus ableiten können, um Strategien zu entwickeln, die den meisten Kindern mit AS helfen können. Es handelt sich um flexible Strategien, die auf unterschiedliche Weise einbezogen werden können. Keine Intervention oder Behandlung löst die zugrunde liegende Ursache von ASS.

Die Erziehung sollte früh beginnen, sobald festgestellt wird, dass sie Autismus haben. Je früher mit der Erziehung begonnen wird, desto besser ist es möglich, einige der Herausforderungen, die das Kind erleben wird, zu vermeiden. Eine frühe Identifizierung ist eine große Hilfe, um die Entwicklung des Kindes zu fördern. Die Programmierung muss für jedes Kind individuell gestaltet werden. Diese Ziele sollten auf dem Entwicklungsstand und dem Muster der Fähigkeiten und Stärken des Kindes sowie auf dem Urteil der Eltern darüber, was wichtig ist, basieren. Jedes Kind wird unterschiedliche Lernmuster haben. Die Ziele und Zielsetzungen müssen in regelmäßigen Abständen überprüft und neu bewertet werden. Große Gruppen von Klassen für Kinder mit ASS sind aufgrund der einzigartigen individuellen Bedürfnisse jedes Kindes selten effektiv. Einzelunterricht ist oft notwendig. Wenn diese Fähigkeiten einmal erlernt sind, können sie in größeren Gruppen geübt und aufrechterhalten werden.

Der Unterricht sollte dem Kind helfen, sich mit seinem Lernmuster auseinanderzusetzen. Eltern und Lehrer sollten darauf achten, die Muster zu verstärken, die sich für eine gesunde Entwicklung eignen, und dem Kind helfen, Muster zu erkennen und abzubauen, die es zu negativeren Verhaltensweisen führen. Ein großer Teil des frühen Unterrichts wird soziale und kommunikative Fähigkeiten beinhalten. Dies sind die größten Problembereiche für Kinder mit ASS und müssen für jedes Kind auf der Grundlage seiner Bedürfnisse und Stärken identifiziert werden. Dies kann durch die Reaktion auf die Mimik und nonverbalen Gesten anderer, durch Nachahmung anderer, durch Sprachgebrauch und Spiel unterstützt werden.

Ein herausragendes Bildungsmodell für Kinder mit ASD ist die Angewandte Verhaltensanalyse. Dies beinhaltet Trainingseinheiten, in denen ein Betreuer oder Therapeut ein Kind mit AS bittet, bestimmte Dinge zu tun oder zu sagen, und die Reaktion, die der Bitte nahe kommt, verstärkt. Es gibt bei jeder Anfrage eine separate Herausforderung, und es wird zu einer separaten Gelegenheit zum Lernen. Wenn das Kind für die entsprechenden Antworten belohnt wird, beginnt es zu lernen, auf diese Weise zu interagieren und wird in der Kommunikation verstärkt. Dies kann genutzt werden, um Fähigkeiten in allen Lebensbereichen zu vermitteln, einschließlich der täglichen Aktivitäten der Selbstpflege, der sozialen Interaktion und des emotionalen Verständnisses. Jede Sache, die gelehrt wird, egal wie kompliziert sie ist, wird in kleinere Ziele zerlegt.

Dies ist der Prozess, der das Kind für Erfolge verfügbar macht. Die Gestaltung des Verhaltens führt zu einer Veränderung hin zu einem positiveren Verhalten. Es gibt einige starke Befürworter des ABA-Ansatzes, die empfehlen, 40 Stunden pro Woche mit dem Kind zu trainieren, und zwar über mehrere Jahre hinweg. Dies mag für die meisten Familien nicht erreichbar oder praktisch sein, aber dennoch ist ein konsistenter, strukturierter, intensiver, sich wiederholender und fokussierter Unterricht in der Regel wirksam, um die Fähigkeiten von Kindern mit ASS zu fördern.

Das ABA-Programm ist so konzipiert, dass es im Klassenzimmer mit anderen Kindern mit ASD oder im Haus des Kindes durchgeführt werden kann, wo der Einzelunterricht nicht unterbrochen wird.

Kapitel 8: Management der psychischen Gesundheit

Zweifellos wird ein Kind, das in der normativ orientierten Gesellschaft lebt, in der wir leben, von Zeit zu Zeit mit emotionalen Kämpfen konfrontiert werden. Sie können auf Frustrationen im Zusammenhang mit dem Funktionieren oder der Beziehung zu anderen Menschen beruhen, sie können aus der sozialen Isolation kommen, oder das Kind kann wie wir alle von Zeit zu Zeit einfach nur Alltagsstress empfinden. Wir können Kindern mit ASS helfen, ihr Bewusstsein für Gefühle zu entwickeln und zu lernen, mit ihnen umzugehen. Mit starken Gefühlen wird es schwieriger sein, damit umzugehen, aber alle können auf hilfreiche Weise behandelt werden. Zunächst sollte das Kind in der Lage sein, seine Gefühle zu benennen und zu identifizieren. Das wird es ihm ermöglichen, seine Gefühle und Empfindungen zu diskutieren. Sie müssen auch lernen, Gefühle als Werkzeug in der sozialen Interaktion zu nutzen. Einige Kinder werden Schwierigkeiten haben, ihre Gefühle auszudrücken, und Schwierigkeiten haben, Signale zu messen, die ihre Gefühle betreffen. Oftmals werden Kinder diese als katastrophale und überwältigende Ereignisse ausdrücken.

Hier können zwanghafte Verhaltensweisen wie Beißen, Schlagen oder Selbstverliebtheit auftreten. Sobald das Kind in der Lage ist, seine Reaktion so zu modifizieren, dass sie weniger extrem ist, kann es seine Gefühle auf eine hilfreiche Weise signalisieren. Sobald das Kind diese Phase gemeistert hat, kann es zur nächsten Phase übergehen, die darin besteht, Wörter, Symbole und eine Abfolge von Gefühlen während des Spiels vorzutäuschen. Die Puppen können einander schlagen oder umarmen; die Mami-Puppe kann dem Puppenbaby Fragen stellen. Das Kind wird sehen, wie diese vom Erwachsenen geführten Interaktionen funktionieren und lernt neue Wege, um das Gefühl auszudrücken und damit umzugehen.

Erwachsene sollten versuchen, sich frei zu fühlen, um Gefühle, sogar Gefühle wie Wut oder Aggression, im Spiel auszuleben, um in der Lage zu sein, Wut zu modellieren und angemessen auszudrücken. Wenn Sie dem Kind nicht helfen, seine Vorstellungskraft zu nutzen, um das Gefühl auszudrücken, bleibt ihm kein Ventil zum Ausdrücken. Dies führt zu Spannung, Angst und Zwang.

Angst kann manchmal zu einem Problem für Kinder mit ASD werden, insbesondere für Kinder, die empfindlicher auf sensorische Stimulation reagieren. Sie werden ängstlich und ängstlich und denken immer an die schlimmsten Dinge, die passieren können. Sie werden durch ihr gewonnenes Bewusstsein leicht überfordert und reagieren sehr reaktiv auf ihre eigenen n Emotionen. Um Kindern mit diesem Muster des psychischen Kampfes zu helfen, sollten Eltern und Betreuer dem Kind helfen, sich zu entspannen. Atmungsübungen können dabei sehr hilfreich sein. Selbstberuhigung und Selbstberuhigung sind wichtig, damit das Kind lernt, sich zu entspannen und sich selbst zu beruhigen.

Je ängstlicher und ängstlicher das Kind ist, desto tröstlicher sollten die Eltern und die Umgebung sein. Wenn das Kind verbal ist, bitten Sie um ihre Meinung. Fragen Sie nach den Plänen für morgen oder nach Möglichkeiten, wie sie den Tag angenehmer gestalten können. Über die Pläne für morgen nachzudenken, kann eine sehr nützliche Technik sein, um Kinder dazu zu bringen, über das große Ganze nachzudenken. Kinder, die sich leicht Sorgen machen, fühlen sich oft weniger wohl dabei, Gefühle der Wut auszudrücken. Sie haben Angst vor dem Ärger. Sie können ihnen helfen, sich mit diesen Gefühlen wohler zu fühlen, indem Sie über

Situationen sprechen, die sie verärgern oder herausfordern. Wenn sie Probleme in der Schule haben und das Kind denkt, dass der Unterricht unfair war, sollten Sie fragen, was das Kind fühlt und wie sie den Klassenraum einrichten würden, wenn sie die Wahl hätten.

Die Angst vor Ärger ist nicht die einzige Abneigung, Gefühle auszudrücken, die Kinder mit ASD haben. Sie könnten auch Angst vor ihren Gefühlen haben, wie z.B. Traurigkeit, weil ihre Gefühle sie überwältigen und sie sich dann schämen, weil sie sich außer Kontrolle fühlen. In dieser Situation haben Eltern und Betreuer die Chance, dem Kind das Gefühl zu geben, für seine Gefühle akzeptiert zu werden. Die Eltern müssen engagiert, beruhigend und akzeptierend bleiben. Das Kind wird lernen, seine Abwehrkräfte ein wenig mehr zu enttäuschen. Dann kann das Kind ermutigt werden, seine Gefühle im Gespräch oder beim Spielen genauer zu beschreiben. Wenn das Kind sagt: "Ich will nicht weinen", können Sie fragen: "Wirklich? Wie fühlt sich das an?" Es ist schwer, mit dem Weinen aufzuhören, wenn der Körper weinen will. Dies zeigt Einfühlungsvermögen und die Fähigkeit des Kindes, das Gefühl einzudämmen und ihm zu helfen, den Konflikt zu beschreiben.

Wenn ein Kind mit dieser Entwicklungsstufe umgeht, muss es sich mit Durchsetzungsvermögen vertraut machen. Viele Kinder, die sagen, dass sie nicht weinen wollen, haben sich mit dieser Seite von ihnen nicht wohl gefühlt, was das Ausdrücken und Bewältigen von Aggression und Wut beinhaltet. Das Kind muss lernen, sich an konstruktiven Handlungen zu beteiligen, Ideen zu bekommen und sie durchzusetzen.

Emotionale Bandbreite und Gleichgewicht sind zwei Fähigkeiten, die ein Kind für ein gesundes Funktionieren entwickeln muss. Sie sind nicht immer leicht gemeinsam zu erreichen. Wenn von Erwachsenen gesagt wird, dass sie gesund sind, haben wir es in der Regel mit Menschen zu tun, die in der Lage sind, ein breites Spektrum an Emotionen zu zeigen und ihre Gefühle zu regulieren und wieder ins Gleichgewicht zu kommen, wenn sie sich aufregen. Sie sollen "ausgeglichen" sein. Eltern und Betreuer können die emotionale Bandbreite und das emotionale Gleichgewicht bei Kindern mit ASD unterstützen.

Einer der wichtigsten Aspekte im Umgang mit der psychischen Gesundheit, insbesondere bei dieser Bevölkerung, ist die Akzeptanz. Gehen Sie nicht davon aus, dass positive Emotionen gut und andere Emotionen schlecht sind; dadurch wird der Ausdruck des Kindes sehr eingeengt. Wir müssen uns bemühen, alle Emotionen gleichermaßen zu akzeptieren. Ein Kleinkind experimentiert vielleicht mit Durchsetzungsvermögen; genießen Sie diese durchsetzungsfähige Interaktion und arbeiten Sie mit dem Kind. Wenn es auf ein Spielzeug im Regal zeigt und versucht, aufzustehen und es zu holen, sagen Sie ihm nicht nein. Vielmehr können Sie sie fragen: "Wie kann ich Ihnen helfen?" Die Interaktion mit dem Kind auf diese Weise ermutigt es, Ihnen durch Kommunikation zu signalisieren, dass es abgeholt werden möchte. Auf diese Weise lernt sie, dass Durchsetzungsvermögen zu einer sicheren, gemeinschaftlichen Anstrengung werden kann und nicht zu einer Rebellion. Akzeptieren Sie die Emotion und setzen Sie sich dann mit ihr auseinander.

Als Nächstes geht es darum, dem Kind Struktur und Anleitung zu geben, damit es von der Erfahrung der Emotion nicht überwältigt wird. Sich auf die Emotion einzulassen, sollte das Kind nicht überreizen oder erschrecken, wenn der Erwachsene beteiligt ist. Sie sollte mit vernünftigen Grenzen geregelt werden. Wenn Sie dem Kind helfen, das Spielzeug auf sichere Weise zu erreichen, wird es in der Lage sein, etwas zu tun, das über seine Grenzen hinausgeht, aber es sicher zu erreichen.

Kapitel 9: Visuelle Hilfsmittel

Die Forschung hat gezeigt, dass visuelle Hilfsmittel und Unterstützungen für das Lernen in der frühen Entwicklung von Kindern mit ASS hervorragend geeignet sind. Eine visuelle Unterstützung bezieht sich auf ein Bild oder ein anderes visuelles Hilfsmittel, das die Kommunikation mit dem Kind unterstützt. Dies hilft, das Sprachdefizit auszugleichen, so dass das Kind ein Foto, eine Zeichnung oder einen Gegenstand betrachten, eine Bedeutung daraus ableiten und sie für die Kommunikation verwenden kann. Diese visuellen Hilfsmittel helfen dem Kind, mit seinen Eltern und auch mit anderen Mitgliedern seiner Familie oder Gemeinschaft zu kommunizieren. Visuelle Hilfsmittel werden bei Kindern mit ASD verwendet, können aber auch im Leben von Menschen mit ASD aller Altersstufen eingesetzt werden. Visuelle Hilfsmittel können von Lehrern, Ärzten, Betreuern und Therapeuten verwendet werden.

Visuelle Hilfsmittel sind wichtig, weil einige der Hauptherausforderungen, die mit Autismus und der Autismus-Spektrum-Störung verbunden sind, die Interaktion und den Gebrauch von Sprache beinhalten. Kinder mit ASS verstehen möglicherweise keine sozialen Signale, wenn sie mit anderen interagieren.

Sie haben möglicherweise keine gute Vorstellung davon, wie man ein Gespräch beginnt oder wie man sich verhält, wenn andere auf sie zukommen. Sie verpassen vielleicht, wann sie ihre sozialen Fähigkeiten einsetzen sollten. Diese Probleme mit den sozialen Fähigkeiten können es Kindern mit ASS auch schwer machen, gesprochenen Anweisungen zu folgen. Anschauungsmaterial kann dem Kind helfen, seine Wünsche auszudrücken, und es kann den Betreuern helfen, ihre Wünsche an das Kind auszudrücken.

Bessere Kommunikation vermindert Frustration und kann helfen, zwanghaftes Verhalten zu verringern. Visuelle Hilfsmittel sind geeignete, positive Wege der Kommunikation.

Visuelle Hilfsmittel können den Kindern helfen zu verstehen, was sie erwarten können und was als nächstes passieren wird, und können so ihre Ängste verringern. Visuelle Hilfsmittel können ihnen helfen, auf wichtige Details zu achten und mit Veränderungen umzugehen.

Ein Beispiel für ein visuelles Hilfsmittel ist das "First-Then Board". Dies ist eine visuelle Darstellung von etwas, das sich lohnt, was nach Abschluss einer Aufgabe geschehen wird. Das "First-Then-Board" zeigt ein Bild des gewünschten Verhaltens. Dies kann etwas wie "Mittagessen" oder "Haare waschen" sein. Dann zeigt die Tafel ein Bild der Belohnung, die von der Spielzeit bis zum Dessert alles sein kann. Dies hilft dem Kind, den Anweisungen zu folgen und neue Fähigkeiten zu erlernen. Das hilft bei der Motivation, Aktivitäten zu machen, die es nicht mag, und macht deutlich, wann es die lustigen Sachen machen kann. Es hilft auch bei der Sprache, indem es die visuell-logische Verarbeitung in den Tag integriert.

Ein weiteres Beispiel für ein visuelles Hilfsmittel wäre ein visueller Zeitplan. Ein visueller Zeitplan ist eine Darstellung dessen, was an einem bestimmten Tag passieren wird. Der Zeitplan kann das Frühstück, die Schule, die Therapie, die Zeit außerhalb der Schule oder eine beliebige Anzahl von Aktivitäten umfassen. Er ist hilfreich, um die Angst der Kinder zu verringern und die Rigidität abzubauen. Ein weiterer Bereich, bei dem der visuelle Zeitplan hilft, ist die Ablaufplanung. Wenn das Kind die Grundlagen der Sequenzierung lernt, können Sie es dazu ermutigen, mit der Zeit in höheren Ebenen komplexer Sequenzen zu denken.

Visuelle Hilfsmittel sind Teil einer Lernkategorie, die eine sensorische Stimulation beinhaltet. Andere Teile dieser Kategorie umfassen Musik, Kunst und Übungen. Musik kann eine großartige Möglichkeit sein, Informationen zu vermitteln, genau wie visuelle Hilfsmittel. Musik kann so funktionieren, dass das Kind die Möglichkeit hat, seine Gefühle auszudrücken. Sie kann auch dazu beitragen, eine angemessene Interaktion mit anderen zu fördern. Wenn ein Kind lernt, mit anderen Kindern und Erwachsenen am Puls der Zeit zu klatschen, lernt es, in einer Gruppe zusammenzuhalten und seine Rolle zur Unterstützung anderer auszuüben. Ein weiterer Sinnesbereich, der für die Arbeit mit Kunst und Musik großartig sein kann, ist der Tastsinn. Kinder können ihre motorischen Fähigkeiten bei Aktivitäten wie dem Greifen eines Trommelschlägers oder beim Malen einsetzen. Fingermalerei kann visuell-logisches Denken mit dem Tastsinn verbinden. Musikinstrumente wie Trommeln und Keyboards können dies gut tun. Der emotionale Inhalt in der Kunst oder Musik kann dem Kind helfen, Ideen zu verbinden. Wenn es lernt, zu malen, wie glücklich es aussieht, oder zu spielen, wie es sich glücklich anhört, kommt es der Fähigkeit näher, Emotionen zu erkennen, was eine sehr wichtige Fähigkeit ist. Dies wird bei der emotionalen Regulierung und der Beziehung zu anderen helfen.

Kapitel 10: Spielzeit und körperliche Bewegung

Wie wir bereits erwähnt haben, ist die Spielzeit sehr wichtig für Kinder, die lernen, Brücken zwischen Konzepten, Gefühlen, Sprache und Ideen zu bauen. Das Spiel kann Kindern helfen, das Abstrakte mit der Realität zu verbinden. Dies kann sich als ein neu gewonnenes Verständnis von Emotionen nach dem Ausspielen einer emotionalen Szene manifestieren oder als eine bessere Vorstellung davon, warum es wichtig ist, pünktlich zu sein.

Die Grundlage dieses Bestrebens ist Vertrauen. Die Eltern oder wer auch immer sonst mit dem Kind arbeitet, muss eine schützende, stabile und unterstützende Beziehung aufbauen. Zu diesem Fundament gehört das Gefühl des Kindes, dass es körperlich sicher ist und ein Gefühl der Sicherheit haben kann. Einige Familien sind ziemlich natürlich, wenn es darum geht, dies zu gewährleisten; andere benötigen viel Unterstützung oder Therapie, um zu lernen, wie man dies erreichen kann. Armut und andere Umstände, auf die die Familie keinen Einfluss hat, können dazu führen, dass die Voraussetzungen für den Aufbau einer sicheren Beziehung fehlen.

Psychiater, Psychologen und Sozialarbeiter können Familien, die kein sicheres Umfeld haben, helfen, eine solche aufzubauen. Diese sichere Umgebung kann, wenn sie geschaffen wird, zu einer dauerhaften und beständigen Beziehung führen. Jedes Kind braucht eine beständige und dauerhafte Beziehung, um sich kognitiv zu entwickeln und gesund zu wachsen. Kinder mit ASS haben oft Schwierigkeiten, sich zu verständigen, und benötigen eine warme, beständige Betreuung. Manchmal ist es für die Betreuer schwierig, die intimen Beziehungen aufrechtzuerhalten.

Die Eltern können Schwierigkeiten haben, die Absichten ihres Kindes genau zu erkennen.

Es ist notwendig, problematisches Verhalten zu verstehen, um den Betreuern dabei zu helfen, die falschen Vorstellungen zu überwinden und sich auf die besseren Wege der Beziehung zu den Eltern zu begeben. Ein Beispiel ist die Berührung. Kinder können sehr empfindlich auf Berührungen reagieren und den Versuch der Eltern, sie zu berühren, zurückweisen. Dies kann für die Eltern schwer zu ertragen sein. Es kann wichtig sein, zunächst leichte Berührungen zu vermeiden und tiefen Druck auszuüben, damit sie sich wohler fühlen. Dies kann etwas unintuitiv sein, da die Eltern möglicherweise nicht verstehen, warum dies so subtil funktioniert.

In der sicheren Umgebung, die geschaffen wurde, kann ein Elternteil daran arbeiten, sich mit dem Kind zu beschäftigen, um ihm zu helfen, seine sozialen und lernenden Interaktionen zu verstärken. Oftmals ist der effektivste Weg, eine Kommunikation herzustellen, mit dem Kind auf den Boden zu gehen. Die auf dem Boden verbrachte Zeit erlaubt es dem Kind, die Führung zu übernehmen und Interaktionen zu gestalten, die seinen einzigartigen Bedürfnissen entsprechen. Es gibt sechs grundlegende Fertigkeiten, die gefördert werden, wenn ein Elternteil mit dem Kind spielt: Aufmerksamkeit, Beziehung, Kommunikation, Problemlösung, Kreativität und logische Einfälle. Man kann am unteren Ende der Leiter beginnen und sich so lange hocharbeiten, bis das Kind lernt, Ideen logisch zu verwenden. Dies geschieht mit Wiederwahl und mit Kreativität.

Sobald ein Kind anfängt, sich in der Interaktion mit einer Person wohl zu fühlen und eine wechselseitige Kommunikation mit einem Erwachsenen aufbaut. Die Eltern können mit Gleichaltrigen

Verabredungen zum Spielen ausprobieren. Das Kind muss lernen, auch mit Gleichaltrigen zu kommunizieren. Dieser Prozess wird unterstützt, wenn Peer-Gruppen schon früh im Leben initiiert werden. Wenn das Kind wartet, bis es älter ist, um sich Gruppen anzuschließen, kann es schwieriger werden, spontan zu lernen und sich zu verständigen. Das Ziel ist es, die Fähigkeit der Kinder zu fördern, anderen Menschen nahe zu sein und in ihrer Gegenwart zu existieren, zu kommunizieren und generell einfach mit anderen zusammen zu sein. Das Spiel unter Gleichaltrigen ist sehr wichtig, wenn Kinder beginnen, Ideen absichtlich und willentlich zu verwenden. Sie müssen sehen, was passiert, wenn sie ihre neuen Fähigkeiten nicht nur mit den Menschen, an die sie gewöhnt sind, sondern auch mit anderen Kindern, die sich auf dem gleichen oder einem etwas höheren Entwicklungsstand befinden, anwenden. Sie müssen nicht gleich alt sein; Kinder unterschiedlichen Alters befinden sich auf verschiedenen Entwicklungsstufen, und ein Vierjähriger kann die Gesellschaft eines Dreijährigen genießen.

Problemlösungsinteraktionen sind ein großes Spiel; sie können das Kind auf alle möglichen Arten beschäftigen, einschließlich motorischer, sensorischer und visuell-räumlicher. Diese Interaktionen können, wenn sie gut umgesetzt werden, das Kind mit Emotionen in Kontakt bringen, aber auch seine Sprach-, Verarbeitungs- und Sprachfähigkeiten verbessern. Der Erwachsene übernimmt die Führung, indem er das Kind durch das Problem und dessen Lösung führt. Sie werden für das Kind zu einem Vorbild für sein Verhalten. Manchmal möchte ein Kind einen Gegenstand oder ein Spielzeug untersuchen, anstatt nur damit zu spielen. Es kann versuchen, den Teddybär überall zu ertasten, um seine Form zu erforschen oder bestimmte Teile eines Spielzeugs gezielt zu betrachten. Eltern und Betreuer können Kindern in dieser Phase helfen, indem sie ihnen bei der

Erforschung helfen. Zu anderen Zeiten werden die Kinder ein Ursache-Wirkungs-Spiel betreiben. Dann lernen sie, dass sie ein bestimmtes Ergebnis erzielen, wenn sie eine bestimmte Handlung ausführen. Dies kann dazu beitragen, den Realitätssinn und die Erwartungen der Kinder zu erhöhen. Eine weitere Kategorie von Spielen ist das "funktionale" Spiel. Das ist der Fall, wenn das Kind Spielzeug in der erwarteten Weise benutzt, für die es entworfen wurde.

Warum also das Spiel einsetzen, um all diese scheinbar komplizierten Ziele zu erreichen? Die Antwort ist, dass es funktioniert. Spiel ist die Art und Weise, wie Kinder mit der Welt umgehen. Das macht es zu einer großartigen Umgebung zum Lernen und Entwickeln. Das Spiel kann für jedes Kind sehr individuell gestaltet werden. Ein Kind benutzt ein Spielzeug auf ganz andere Weise als ein anderes, und es wird andere Gründe haben, es zu mögen. Gerade in diesen Unterschieden können wir etwas über das Kind lernen.

Konstruktives Spiel ist eine bestimmte Art von Spiel, bei dem Kinder Dinge bauen oder erschaffen. Es kann die Arbeit an einem einzelnen Produkt beinhalten, z.B. die Vervollständigung eines Puzzles oder das Zeichnen eines Bildes. Dies kann für Kinder mit ASD ein schwieriges Gebiet sein, und Erwachsene sollten versuchen, ihnen dabei zu helfen. Sie können konstruktives Spiel fördern, indem Sie Ihrem Kind zeigen, was es mit den Bausteinen machen soll.

Körperliches Spiel ist ein "rauhes" Spiel. Es umfasst das Herumlaufen und andere Ganzkörperübungen. Körperliches Spiel beinhaltet viel Körperempfinden, das das Kind einbeziehen, aber auch übermäßig stimulieren kann. Körperliches Spiel eignet sich hervorragend zur Entwicklung der grobmotorischen Fähigkeiten.

Es gibt den Kindern auch die Möglichkeit, ihre Umgebung zu spüren.

Beim Scheinspiel geben die Kinder vor, eine "Szene" zu spielen, und benutzen ihre Fantasie. Zu den Arten des Scheinspiels könnte das Vortäuschen einer Puppe gehören, sich wie eine Filmfigur zu verkleiden, so zu tun, als würden sie ein Auto fahren, oder so zu tun, als sei der Boden aus Lava. Dies geschieht in der Regel erst später in der Entwicklung eines Kindes, nach etwa zwei Jahren. Es wird als eine anspruchsvolle Form des Spiels angesehen, da es die Kreativität und die kognitiven Fähigkeiten mehr als andere Formen des Spiels fördert. Es kann bei der Entwicklung von Sprach- und Sozialkompetenzen sehr hilfreich sein. Diese Art des Spiels kann bei Kindern mit ASS in der Entwicklung verzögert werden, aber viele entwickeln sie. Es gibt viele alltägliche Aktivitäten, die durch vorgetäuschtes Spiel unterstützt werden können. Sobald ein Kind vorgetäuschte Handlungen ausführt, kann ein Elternteil oder ein Betreuer eine spezifischere Struktur für die Handlung schaffen und das gewünschte Verhalten verstärken. Rollenspiele sind ein großer Teil des Scheinspiels. Eltern und Betreuer sollten das Rollenspiel bei Kindern mit ASD fördern.

Sie können ihnen vielleicht eine Geschichte erzählen und sie diese nachspielen lassen. Indem Sie relevante und gesunde Themen in die Geschichte einführen, lernt das Kind die Werte und Problemlösungen, die die Geschichte mit sich bringt.

Eltern und Betreuer sollten sich bemühen, ein Umfeld zu schaffen, in dem Kinder soziale Spiele spielen können, um ihre sozialen Fähigkeiten zu entwickeln. Diese sehr wichtige Fähigkeit - die Fähigkeit, mit anderen zu spielen - kann dazu beitragen, sozialen Stress abzubauen und die sozialen Fähigkeiten zu verbessern.

Zuerst sollte man feststellen, in welcher Phase des sozialen Spiels sich das Kind befindet, und angemessene und sichere Möglichkeiten bieten, um zur nächsten Phase zu gelangen.

Die erste Stufe ist das Spielen allein. In dieser Phase spielt das Kind allein und unabhängig. Es schenkt den anderen Kindern nicht viel Aufmerksamkeit und versucht nicht, sie in ihr Spiel einzubeziehen. Die nächste Phase ist das parallele Spiel. Hier fangen die Kinder an, zusammen mit anderen Kindern zu spielen. Sie teilen sich vielleicht einige Spielsachen oder interagieren, aber auf einer grundlegenden Ebene sind sie durch das "Nebeneinander" verbunden. Es kann in dieser Phase hilfreich sein, zu erkennen, was dem Kind Spaß macht, und ihm dabei zu helfen, mit anderen Kindern zu spielen, die dasselbe Spielzeug mögen. Die nächste Stufe ist das assoziative Spiel. Hier spielen die Kinder und tauschen sich mit anderen aus. Sie geben und nehmen, lernen zu teilen und auf ihre Bedürfnisse einzugehen. Dies beginnt in der Regel nach etwa drei Jahren. Als nächstes kommt das kooperative Spiel. Hier spielt das Kind mit anderen und kooperiert mit Regeln oder stellt sogar Regeln auf.

Kooperatives Spiel kann sehr kompliziert werden und erfordert Kommunikationsfähigkeiten. Manchmal sind die sozialen Regeln, die mit dieser Art von Spiel verbunden sind, für Kinder mit ASD schwierig. Wenn das Kind gelernt hat, sich in diesen Phasen zu entwickeln, können Sie ihm helfen, Beziehungen zu anderen zu pflegen. Einfache Spiele sind eine gute Möglichkeit, soziale Interaktion im Spiel aufzubauen. Durch das Spielen und Spielen mit anderen Kindern werden die Drehfreudigkeit und die Aufmerksamkeitsfähigkeit gesteigert.

Spielfähigkeiten können auf Lebenskompetenzen übertragen werden. Angemessenes Mitmachen sollte im Spiel belohnt werden. Dies ist ein Beispiel für eine Spielfähigkeit, die im täglichen Leben sehr nützlich ist.

Erfahrungen wie das Springen auf einem Trampolin, das Laufen oder das Herumwerfen eines Balls können sehr vorteilhaft für die motorischen, sensorischen und räumlichen Fähigkeiten sein. Zu den körperlichen Aktivitäten, die noch mehr Kreativität hervorrufen, gehören Hindernisparcours und Spiele wie die Schatzsuche.

Bewegung kann eine fantastische Möglichkeit sein, das positive Verhalten von Kindern mit ASD zu steigern. Forschungsstudien haben gezeigt, dass eine Steigerung der Bewegung bei Kindern mit ASS in mehreren Bereichen zu Verbesserungen führen kann. Dazu gehört die Verhaltensregulierung, bei der ein Kind durch Sport oder körperliche Aktivität lernt, sein Verhalten zu regulieren und es den Regeln und Grenzen des Spiels angemessen zu halten. Ein anderer ist die Schulreife.

Bewegung und Sport können einem Kind in diesem Bereich helfen, indem sie es auf die aktive Teilnahme in der Gruppe und die Erfüllung von Aufgaben vorbereiten. Das akademische Engagement kann durch die Erhöhung der Aufmerksamkeitsspanne und der kognitiven Fähigkeiten erhöht werden. Natürlich werden auch die motorischen Fähigkeiten erhöht, wenn das Kind lernt, seinen Körper für die Aufgaben, die mit der Bewegung verbunden sind, zu nutzen. Viele Kinder mit ASS haben untypische Bewegungsmuster oder untypische Ernährungsgewohnheiten, so dass Bewegung zur Erhaltung eines gesunden Körpers beitragen kann, wenn sie konsequent und sanft ist. Übergewicht oder andere Probleme aufgrund von Inaktivität können bei Kindern mit ASS zu emotionalen Problemen, Depressionen, Angstzuständen oder Magen-Darm-Problemen führen. Bei Kindern mit ASD wird auch festgestellt, dass sie in der Regel eine geringere Knochendichte haben als ihre Altersgenossen, so dass Bewegung dazu beitragen kann, ihr System zu stärken und negative Folgen vermeidbarer zu machen.

Die Menge an Bewegung, die ein Kind mit ASD benötigt, ist nicht übertrieben; manchmal kann eine kräftige Aktivität für nur eine Minute, sei es nun ein Hampelmann, ein Liegestütz oder ein Laufen auf der Stelle, dazu beitragen, störendes und nicht aufgabenbezogenes Verhalten zu reduzieren.

Die beste Art und Weise, Übungsaktivitäten zu verteilen, kann darin bestehen, den Schülern kleine Pausen über den Tag verteilt zu geben. Dies kann dazu beitragen, das Reaktions- und Aufgabenverhalten von Kindern mit ASD zu korrigieren. Heftige Übungen haben mehr Wirkung als weniger anstrengende Aktivitäten, aber das muss dadurch abgemildert werden, dass man sich nicht überfordert fühlt oder von den Kindern verlangt, mehr zu tun, als sie bewältigen können.

Wenn das Kind wächst und mehr Gelegenheiten hat, an Gruppensportarten teilzunehmen, wird es sich mit den Schwierigkeiten auseinandersetzen müssen, wie sich seine sozialen Fähigkeiten auf seine Fähigkeit, Teil des Teams zu sein, auswirken. Einige Schülerinnen und Schüler werden sich beim Versuch, Teil des Teams zu werden, in ihrer Hemmung wiederfinden. Wenn jedoch ein Interesse an dem Kind für eine bestimmte Sportart oder Aktivität besteht, sollte es gefördert werden, und oft kann ein integratives Programm das Kind mit einbeziehen, um Fitness, soziale Fähigkeiten und Verbindungen aufzubauen. Diese Art von Verbindungen, die in der sportlichen Interaktion entstehen, können lebenslang sehr positive

Auswirkungen haben. Manchmal können Leichtathletik und Cross-Country für Jugendliche mit ASD gut geeignet sein.

Kampfsport, Tanz oder andere Reitprogramme sind großartige Optionen. Wenn ein Kind an Bewegungsroutinen teilnimmt, kann es hilfreich sein, einen Wochenkalender mit einem eingebauten Zeitfenster für Übungen zu erstellen. Sie können die Anzahl im Laufe der Zeit erhöhen und Aktivitäten notieren, für die möglicherweise Transport, spezielle Kleidung oder Ausrüstung erforderlich sind. Diese Logistik ist manchmal schwierig, wenn Kinder Probleme mit den Aktivitäten des täglichen Lebens haben. Sie können eine App oder eine andere Erinnerung verwenden, um sich selbst oder das Kind aufzufordern, wenn die Zeit für die Ausübung naht. Sie können auch Technologie einsetzen, um Leistungen und Fortschritte zu verfolgen. Ein positives Belohnungssystem kann eine wirklich gute Möglichkeit sein, um sicherzustellen, dass das Kind in der Anfangsphase der Übungsroutine einen Grund sieht, sich zu bewegen. Nach einer Weile, wenn ein Kind erfolgreich eine Übungsroutine aufrechterhält, werden Endorphine und ein natürliches Wohlbefinden die Belohnung sein.

Kapitel 11: Umgang mit Familie, Geschwistern und anderen

Alle Familien werden eine unterschiedliche Dynamik erfahren, wenn sie die Diagnose ASD bei einem Kind erhalten. Die Familie wird sich anpassen müssen, um den unvorhergesehenen Bedürfnissen des Kindes gerecht zu werden und das Unterstützungssystem der Familie neu zu gestalten. Oft sind es die Mütter, die einen großen Teil der Betreuung des Kindes übernehmen. Infolgedessen übernehmen die Väter manchmal eine größere Verantwortung für die finanziellen Bedürfnisse der Familie. Dies sind Entscheidungen, die über die Aufteilung der familiären Arbeitsbelastung getroffen werden. Im Idealfall könnten Familien die Bedürfnisse und Fähigkeiten aller berücksichtigen, aber leider kommt es nicht immer dazu. Oft wird die Entscheidung über die Rollen in der Familie aus praktischen Erwägungen getroffen, als Antwort auf die unmittelbaren Anforderungen.

Die Rollen der beiden Partner und der Betreuer können sich unangenehm trennen, so dass sie sich vom anderen nicht mehr unterstützt fühlen. Es kann zu einer Erschöpfung kommen, wenn ein Elternteil für den Großteil der Pflege und der Interventionen für das Kind verantwortlich ist. Die Eltern, die für die finanzielle Lage der Familie verantwortlich sind, können ebenfalls großen zusätzlichen Stress auf sich nehmen. Die Eltern müssen ihre Rollen so gut wie möglich ausfüllen und versuchen, Burnout zu verhindern.

Die Erziehung eines Kindes mit ASD kann eine Herausforderung sein, und es erfordert von allen Familienmitgliedern einige Anpassungen und Opfer. Es gibt Krisen, und die Familie muss sie durchstehen. Die Eltern können sich manchmal überfordert fühlen. Jedes Familienmitglied hat seine eigene Art, mit Stress umzugehen. Manche Menschen müssen ihre Gefühle leichter ausdrücken als andere. Manche Menschen haben das Gefühl, dass die Fragen im Zusammenhang mit der Betreuung eines Kindes mit ASD privat sind und so bleiben sollten. Andere werden Anregungen und Unterstützung von Familie und Freunden suchen. Yoga, Meditation, Massage und andere Formen der Selbstfürsorge können Stress abbauen.

Jede Rolle in der Familie wird eine andere Beziehung zu dem Kind mit ASD haben. Wer auch immer die primäre Bezugsperson für das Kind ist, wird eine bestimmte Art von Beziehung haben. Der Elternteil, der weniger gesehen wird, wird in einer etwas anderen Beziehung gehalten werden. Erweiterte Familienmitglieder können, je nach ihrer Nähe und der Art ihrer Rolle in der Familie, große Vorbilder und Unterstützer für Kinder mit ASD sein.
Geschwisterbeziehungen können für jede Person die am längsten andauernden Familienbande sein. Die Art und Weise, wie Geschwister miteinander auskommen, ist jedoch sehr unterschiedlich.

Manchmal stehen sich Geschwister als Kinder nahe, und ihre Beziehungen fallen als Erwachsene auseinander. Einige andere werden nie bis ins Erwachsenenalter Nähe haben. In jedem Fall können Geschwister eine große Quelle des Glücks und der Verbindung sein. Geschwister haben sehr unterschiedliche Interessen, Persönlichkeiten und Werte. Eltern mit einem Kind mit ASD können nicht davon ausgehen, dass in den Geschwisterbeziehungen nur eine einzige Sache passiert. Es liegt weitgehend außerhalb ihrer Kontrolle. Sie können jedoch ein familiäres Umfeld schaffen, das Respekt und Fürsorge hervorruft, und eine solche Umgebung lehrt die Kinder über Beziehungen im Allgemeinen und familiäre Verantwortlichkeiten.

Eltern sollten sich bemühen, die Bedürfnisse ihrer Kinder ohne ASD nicht zu vernachlässigen, wenn derjenige mit ASD auftaucht. Sie können allen ihren Kindern helfen, ASD zu verstehen, so dass sie einen Kontext für die Persönlichkeit und das Verhalten ihrer Geschwister haben können. Kleine Kinder müssen sich möglicherweise ASD erklären lassen, um ihrem Verständnisniveau zu entsprechen. Vorschulkinder könnten eine Erklärung wie "Mike genießt es nicht, wenn es viel Lärm gibt" akzeptieren. Er fühlt sich dann schlecht." Wenn Kinder wachsen, beginnen sie die Unterschiede in ihren eigenen Reaktionen auf die des Kindes mit ASD zu sehen. Dies könnte eine weitere Erklärung erfordern. Wenn sie auf die Ebene kommen, auf der sie mehr über ASS verstehen können, können sie ermutigt werden, aus einer verantwortungsvollen Quelle über ASS zu lesen. Dann können die Eltern mit ihren Kindern diskutieren, was sie gelernt haben. In jeder Phase müssen die Eltern die Führung übernehmen, um das Thema anzusprechen. Es ist ein komplexes Thema, und manchmal fällt es den Kindern schwer, sich die richtigen Fragen zu überlegen. Sie haben vielleicht das Gefühl, dass das Thema tabu ist. Auch Geschwister können das Gefühl haben, dass sie ihre Gefühle gegenüber dem Kind mit ASD nicht ausdrücken können. Eltern, die ihren Kindern gegenüber offen sind, werden feststellen, dass Offenheit ein Gefühl der Zufriedenheit und des Verständnisses bringen kann.

Erweiterte Familienmitglieder können auch eine Veränderung in der Familiendynamik erleben. Der Begriff ASD kann zum Beispiel für die Großeltern sehr verwirrend sein. Wenn das Kind im Allgemeinen gut funktioniert, können ältere Familienmitglieder der Entscheidung der Familie, eine Diagnose zu stellen, skeptisch gegenüberstehen. Die meisten jungen Eltern in unserer heutigen Zeit sind mehr auf die Realitäten des Lernens, der Entwicklung und der intellektuellen Störungen eingestellt. Die Einbeziehung von Menschen mit Behinderungen ist heute in einigen Gemeinden ziemlich verbreitet.

Behinderungen werden an einigen Orten weniger denn je stigmatisiert. In anderen Kulturen und Gebieten wird sie immer noch als ein Zeichen der Schande angesehen. Wenn ältere Familienmitglieder in einer Umgebung aufgewachsen wären, die Schande über die Behinderung brachte, hätten sie diese Botschaft vielleicht schon früh verinnerlicht. Für Menschen, die diesen Standpunkt vertreten, wird eine gewisse Bildung notwendig sein. Die Eltern werden entscheiden müssen, wie viel Bildung in ihrer Verantwortung liegt und wo die Grenzen zwischen Erklären und Lassen gezogen werden müssen. Wenn Sie Familienmitgliedern, die Unwissenheit über das Thema ASD zeigen, über ASD aufklären, versuchen Sie, nett zu erklären, warum die Störung außerhalb der Kontrolle der Familie liegt, die Teil der einzigartigen Verfassung des Kindes als Person ist, und erklären Sie höflich, dass Sie das Kind so akzeptieren und lieben, wie es ist.

Enge Freunde sind ein großer Teil des menschlichen Lebens und wichtig für das Selbstwertgefühl und sichere Ausdrucksmöglichkeiten. Freunden kann man vertrauen, dass sie keine Geheimnisse teilen. Freundschaften zu schließen, ist für ein Kind mit ASS eine Reise; während es verschiedene Entwicklungsstufen durchläuft, wird es andere treffen, die ähnliche Eigenschaften haben. Da sie immer mehr Erfahrungen mit anderen Kindern teilen, sollten die Eltern versuchen, Freundschaften zu schließen. Die Eltern selbst stellen oft fest, dass es ihnen an Freundschaften mangelt.

Schlussfolgerung

Vielen Dank, dass Sie es bis zum Ende von Autismus - Leitfaden für Eltern zur Autismus-Spektrum-Störung geschafft haben. Hoffen wir, dass er informativ war und Ihnen alle Hilfsmittel zur Verfügung gestellt hat, die Sie benötigen, um Ihre Ziele zu erreichen, was auch immer diese sein mögen.

In diesem Buch haben wir uns mit dem zeitgenössischen Verständnis der Autismus-Spektrum-Störung und ihren Charakteristika befasst. Dieses Verständnis lässt uns einen Weg erkennen, um zu wissen, wie wir die Interaktion, die Sinneserfahrungen und die Denkmuster eines Kindes nachvollziehen können. Es mag schwierig erscheinen, alle verfügbaren Informationen zu diesem Thema zu sortieren, und es gibt viele andere Quellen, die viele gute Informationen über die Autismus-Spektrum-Störung haben. Dieses Buch kann eine Grundlage bieten, um über die Störung nachzudenken und die Herausforderungen und Wege zu verstehen, wie man den Problemen bei der Erziehung eines Kindes mit ASD begegnen kann. Wir sollten jetzt weit von der alten Konzeption von ASD entfernt sein, die Kinder mit außer Kontrolle geratenen Verrückten verglich, denen man nichts beibringen oder mit denen man nicht interagieren konnte. ASD ist jetzt ein national verstandenes Phänomen geworden.

Familien können mit ASD ein volles, freudiges, ausgezeichnetes Leben mit ihrem Kind führen. Die Perspektive der Familie ist wirklich wichtig. Wenn die Familie mit der Störung im Dunkeln lebt und sie niemals innerhalb der Familie verarbeitet, wird sie mehr Probleme in den Beziehungen in der Familie finden. Wenn sie einen Weg finden, die Einzigartigkeit ihres Kindes zu feiern und das Kind erfolgreich in die Familiengemeinschaft zu integrieren, werden sie feststellen, dass sich ihr Leben immens verbessert. Kinder mit ASD sind durchaus in der Lage, Beziehungen aufzubauen und ausgezeichnete Freunde, Kinder und Schüler zu sein.

Die Eltern werden auf ihrem Weg zur Erziehung eines Kindes mit ASD höchstwahrscheinlich vor Herausforderungen stehen. Sie sollten jedoch daran arbeiten, die Schönheit und Einzigartigkeit im Geist ihres Kindes zu erkennen. Die ersten Phasen der Erziehung eines Kindes mit ASD gehen mit einer Reaktion auf die unmittelbaren Bedürfnisse einher.

Das Finden von Schulen, das Finden von Wegen, wie sich das Kind an die Probleme im Moment anpassen kann, wird zum primären Modus. Es erfordert viel Planung und viel Zusammenarbeit. Die Eltern sollten ihre Fähigkeit zur Zusammenarbeit mit anderen prüfen und versuchen, ihre Fähigkeiten in diesem Bereich zu maximieren. Im Laufe des Lebens wird es sich in Routine und Rhythmus einleben. Die Eltern werden zweifellos Fehler machen; wichtig ist, dass sie sich bemühen, ihr Kind zu verstehen, damit sie sich zusammen mit dem Kind anpassen und ihm helfen können, das höchste Niveau zu erreichen. In der Tat wird der Weg eines Elternteils auf diesem Weg oft zu einem Entwicklungsprozess führen, den er selbst versuchen muss. Diese Herausforderungen dienen jedoch letztlich dazu, das Leben der Eltern zu bereichern, da sie eine tiefere Menschlichkeit und Verbindung lernen, als sie es für möglich gehalten hätten. Es ist eine besondere Magie, wenn eine Verbindung zu einem Kind mit ASD hergestellt werden kann.

Wenn Sie dieses Buch gelesen haben, besteht der nächste Schritt darin, sich einige andere Quellen anzusehen und sie mit den Beobachtungen des Kindes zu vergleichen. Alle Informationen, die Eltern in den entscheidenden frühen Phasen der Erziehung eines

Kindes mit ASD aufnehmen, können den Eltern helfen, sich anzupassen, ihnen zu helfen und sich der auftretenden Probleme bewusst zu werden.

Narzissmus Narzisstische Persönlichkeitsstörung verstehen Auf Deutsch/ Narcissism Understanding Narcissistic Personality Disorder In German

Einführung

Herzlichen Glückwunsch zum Herunterladen von Narzissmus: Narzisstische Persönlichkeitsstörung verstehen und vielen Dank dafür.

In den folgenden Kapiteln wird die sehr reale Gefahr diskutiert, einem Narzissten nahe zu kommen. Gegenwärtig ist Narzissmus ein so beliebtes Schlagwort, dass es schwierig sein kann, "narzisstische Züge" von tatsächlich bösartigem Narzissmus zu unterscheiden. Fast jeder kennt jemanden, der Züge von Arroganz und Egoismus zeigt und der es liebt, im Rampenlicht zu stehen - aber woher weiß man, ob man tatsächlich von Angesicht zu Angesicht mit einem Narzissten zusammen ist?

Wir werden die verschiedenen Taktiken und Techniken erörtern, die Narzissten anwenden, um ihre Opfer unterdrückt und unter Kontrolle zu halten und nie wirklich zu wissen, was Realität und was Illusion ist. Begriffe wie Gaslighting, Projektion, Falschdarstellung und pauschale Verallgemeinerung sowie das Ausfrieren werden ebenfalls diskutiert.

Wir werden über die Dynamik einer narzisstischen Familie sprechen und darüber, wie eine solche Struktur in ihrem Kern die verheerendste Umgebung für Kinder sein kann, in der sie aufwachsen. Es ist wichtig zu wissen, wie Sie sich und Ihre Lieben schützen können, sollten Sie sich in einem Tauziehen mit einem Narzissten befinden - sei es ein Familienmitglied, ein Ehepartner oder ein Elternteil. Sobald Sie die Anzeichen von Narzissmus in der Familiendynamik erkennen, können Sie Schritte unternehmen, um sich selbst und Ihre Lieben an sicherere Ufer zu bringen und ebenfalls mit dem Heilungsprozess zu beginnen.

Dieses Buch wird Ihnen die verschiedenen Arten von Narzissten aufzeigen und Theorien darüber diskutieren, wie Narzissmus in einem Individuum entstehen kann. Es wird auch auf emotionalen Missbrauch eingehen und die Vergleiche zwischen einer gesunden und einer giftigen Beziehung aufzeigen. Sie wird den Prozess der Heilung von emotionalem Missbrauch aufschlüsseln und aufzeigen, was Sie erwartet, wenn Sie versuchen, sich von dem verworrenen Netz eines Narzissten zu trennen.

Es gibt viele Bücher zu diesem Thema auf dem Markt, nochmals vielen Dank, dass Sie sich für dieses Buch entschieden haben! Es wurde jede Anstrengung unternommen, um sicherzustellen, dass es mit so vielen nützlichen Informationen wie möglich gefüllt ist, bitte genießen Sie es!

Kapitel 1: Was ist Narzissmus?

Narzissmus ist im Moment ein ziemlich populäres Wort. Unzählige Selbsthilfe-Gurus, Social-Media-Gruppen, Meme-Seiten, HuffPost und Buzzfeed-Artikel sagen uns, worauf wir achten müssen, wenn sich unsere Wege mit diesen angeblich selbstsüchtigen, selbstgefälligen, hochmütigen und prahlerischen Monstern kreuzen. Aber ist das Nehmen einer Selbstsucht ein Hinweis auf etwas Unheimlicheres unter der Oberfläche, oder sind wir alle Opfer des Hype geworden und sehen Monster in jedem Schatten?

Mein Vater sagte einmal zu mir, dass es in Ordnung ist, egoistisch zu sein. Er war in der Tat kein Narzisst.

Er erklärte, dass er das Wort aus einer einzigartigen Definition heraus betrachte (und einer, die Sie im Wörterbuch nicht finden werden). Er erklärte, dass es nicht unbedingt schlecht sei, sich um sich selbst zu sorgen, in den meisten Situationen das eigene Selbst an die erste Stelle zu setzen. An dieser Stelle halten wir an und schauen uns an, was Narzissmus eigentlich ist, indem wir zuerst untersuchen, was Narzissmus nicht ist.

Nehmen wir zum Beispiel Teenager. Es wäre schwierig, den durchschnittlichen Teenager dazu zu bringen, in vielen Situationen über sich selbst hinauszuschauen. Sie sind besessen von ihrer äußeren Erscheinung und davon, was andere über sie denken. Sie sind in einem intensiven Zustand der Pubertät gefangen, in dem sie herausfinden müssen, wer sie sind, und das erfordert eine Menge Selbstuntersuchung. Es ist schwer, die Welt um sich herum zu sehen, wenn man die ganze Zeit in den Spiegel starrt.

Nehmen Sie jedoch einen durchschnittlichen Teenager - wenn er sein Selbstwertgefühl nicht nach einem anderen Selbstwertgefühl ausrichtet - und versetzen Sie ihn in eine Position, in der sich jemand in offensichtlicher Notlage befindet, direkt vor seinen Augen. Sie wissen vielleicht nicht, was sie tun oder sagen sollen, sie wissen vielleicht nicht, wie sie sich verhalten oder wie sie helfen sollen, aber selbst wenn sie gar nichts tun würden, wenn Sie sie nach dem Moment fragen, stehen die Chancen gut, dass Sie später eine Antwort erhalten, die zumindest beweist, dass der Teenager Mitgefühl für die Person in Gefahr empfindet.

Hier trennen sich Selbstbezogenheit und Narzissmus, weil der Narzisst keine Empathie empfinden kann, niemandem gegenüber, unter keinen Umständen.

Wie wird man ein Narzisst? Was passiert mit einer Person, und wann, und das raubt ihr plötzlich die Empathie - eine Eigenschaft, die direkt mit unserer Menschlichkeit verbunden ist? Mehrere Faktoren, von denen einige in den prägenden Jahren eines Kindes auftreten, können zur Entwicklung des Narzissmus beitragen. Genetik und Anomalien der Gehirnstruktur können zum Narzissmus beitragen. Auch die Dynamik eines Elternhauses in der Kindheit kann die Entwicklung von Empathie behindern, wie z.B. psychisch ungesunde Erziehung. Bevor Sie sich fragen, ob Sie Ihr eigenes Kind für eine Zukunft des Narzissmus gezeichnet haben, bedenken Sie Folgendes: Alle Eltern machen Fehler, und kein Elternteil ist perfekt. Die Chancen stehen jedoch sehr gut, dass Sie während Ihrer gesamten Beziehung zu Ihrem Kind oder Ihren Kindern Einfühlungsvermögen für sie gezeigt und ihnen damit die wertvolle, wesentliche Lektion erteilt haben, dass Einfühlungsvermögen uns alle verbindet.

Ein Narzisst hat diese wichtige Lektion jedoch nicht unbedingt erhalten.

Vielleicht haben ihre Eltern sie in einem Übermaß an falschem Lob erzogen. Während Kinder Lob brauchen, um zu gedeihen, ist eine Umgebung, in der sie buchstäblich nie etwas falsch machen können, unglaublich giftig für sie und führt zu einem übertriebenen Gefühl der Selbstgefälligkeit. Die Kunst, bescheiden zu sein, ist wesentlich für das eigene Wachstum, für die Verbindung zu anderen, ja sogar für größeres Selbstvertrauen. Stellen Sie sich ein Kind vor, das glaubt, es sei perfekt, wenn es seinem ersten Kritiker begegnet. Für einen Narzissten ist Kritik inakzeptabel und löst oft Episoden von Wut oder Rache aus.

In seltenen Fällen kann Narzissmus als Selbstverteidigung gegen eine Fülle von Grausamkeiten in der Kindheit aufkeimen - im Wesentlichen führt die Exposition gegenüber Narzissmus zu mehr Narzissmus.

Wie dem auch sei, wenn eine Elternfigur mit der Realität ihres Kindes völlig unvereinbar ist, lehrt diese Figur das Kind immer wieder, dass die Realität des Kindes nicht existiert. Narzissten empfinden keine Liebe für sich selbst, sie können keine Selbstfreude erzeugen. Die Bildung von Selbstachtung, Selbstwertgefühl, Selbstfürsorge fehlte völlig, während ihr wachsendes Gehirn immer wieder lernte, dass der einzige Weg zur Zufriedenheit im Leben die Manipulation anderer ist, und dieses Melken der Erfahrungen anderer nennt man narzisstische Versorgung.

Ein Narzisst hält ein oder mehrere Opfer (Wirt können wir sie sogar als solche bezeichnen, da der Narzisst diese Menschen wie einen Parasiten benutzt) in der Nähe und bringt sich schnell und mit großen Versprechungen von Verbindung, Respekt und vor allem Bewunderung in das Leben der Opfer ein. Der Narzisst weiss zu lügen, weil er sein ganzes Leben lang von denen belogen wurde, die ihn eigentlich beschützen sollten, und er kann recht charmant sein, wenn es bedeutet, seinen Vorrat aufzustocken.

Der Narzisst wird diejenigen in seinem Kreis manipulieren, um ihn zu unterhalten, zu ermutigen, mit einer grundlegenden, ursprünglichen Ablenkung, die ihn davon abhält, nach innen zu schauen, denn wenn er nach innen schaut, schaut er im Grunde auf die Leere, auf die Leere.

Diejenigen, die für das Verhalten des Narzissten besonders anfällig sind, sind diejenigen, die von Natur aus das größte Maß an Einfühlungsvermögen empfinden, das von vielen Empathie genannt wird. Weil diese Menschen es dem Narzissten so viel leichter machen, zu projizieren, sind sie das Ziel Nummer eins.

Währenddessen manipuliert der Narzisst die Menschen, die ihm am nächsten stehen, und er ist sich dessen völlig unbewusst. Das Bedürfnis, sich von der Not anderer zu ernähren, ist so tief verwurzelt, so unbewusst, dass ihm etwas anderes als das Gewöhnliche suggeriert werden muss, um noch mehr Abwehrmaßnahmen auszulösen. Sich von einem Narzissten zu befreien, bedeutet eine Menge Drohungen, eine Menge Sabotage und mehr als einen Rückzieher, wenn der Narzisst versucht, diese Verbindung wieder herzustellen - denn wenn er eine Verbindung verliert, bedeutet das, dass er gescheitert ist, und da er unmöglich scheitern kann, muss er versuchen, alles, was er verloren hat, um jeden Preis zurückzugewinnen.

Zum Handwerkszeug eines Narzissten gehören Dinge wie Gaslighting, Umlenkung, Projektion, Verzerrung, aber auch ein schauspielerisches Talent, das jedem einen Oscar in einer Nebenrolle einbringen würde. Der Narzisst hat beobachtet, wie die Menschen tatsächliches Einfühlungsvermögen und Besorgnis zeigen, und er weiß, wie er sie nachzuahmen hat, wenn es hart auf hart kommt. Das ändert nichts an der Tatsache, dass sie keine Ahnung haben, wie sie diese Dinge tatsächlich empfinden sollen; man könnte genauso gut einen Fisch fragen, wie es ist, Luft zu atmen.

Narzissmus in Aktion

Eine vereinfachte Art und Weise, Narzissmus zu betrachten, besteht darin, zu verstehen, dass ein Narzisst im Kern Probleme hat, anderen zuzuhören. Wir sprechen hier nicht über Probleme des Aufmerksamkeitsdefizits - ein Narzisst hört zwar Worte, aber wenn sie vom Mund des Sprechers zu den Ohren des Narzissten gelangen, werden sie in die Worte übersetzt: Ich ignoriere Sie. Ich langweile Sie. Ich verschwende Ihre Zeit. Ich untergrabe Ihre Bedeutung.

Das ist natürlich inakzeptabel, denn der Narzisst ist das Wichtigste in der Welt, für sich selbst.

Man sieht schnell, wie die charmante Fassade des Narzissten in Wut, ja sogar Verachtung zerbröckelt, wenn die Person, der er zuhört, etwas sagt, was ihm nicht gefällt oder was er langweilig findet - oder was ihm verboten ist, ist jede Art von Kritik am Narzissten. Das wird direkter Angriff angesehen.

Darüber hinaus führt dieser Mangel an Einfühlungsvermögen zu einem brutalen Umgang mit denen, die dem Narzissten nahe stehen. Ständiger Sarkasmus zermürbt ihre Lieben und untergräbt das Selbstwertgefühl und das Selbstvertrauen. Der Narzisst spielt

Glücks- und Hass-Spiele, bei denen der Narzisst in einem Moment über die Gesellschaft und Gesellschaft seines Opfers überglücklich ist, im nächsten verschwindet er, schweigt sich aus oder entlädt als Ausdruck seines Missfallens ein Sperrfeuer von gewalttätigem, missbräuchlichem Verhalten.

Narzisstische Persönlichkeitsstörung vs. einfacher Narzissmus

Es kann schwierig sein, die Unterschiede zwischen dem durchschnittlichen, alltäglichen Narzissmus und der tatsächlichen NPD, die als psychische Krankheit eingestuft wird, zu erkennen.

Narzissmus als Persönlichkeitsmerkmal ist ziemlich weit verbreitet. Arroganz, Prahlerei, übertriebenes Wichtigkeitsgefühl sind in unserer Gesellschaft zu beobachten, von CEOs von Spitzenunternehmen über die Politik bis hin zu Leichtathletik und Prominenten. All dies sickert auf den alltäglichen Menschen herunter; wenn es bei den wild Erfolgreichen funktioniert, warum nicht auch bei dem Typen von nebenan?

Der Unterschied liegt darin, wann narzisstische Züge zu Mängeln oder Beeinträchtigungen werden. Wenn ein Individuum Schwierigkeiten im Umgang mit anderen hat, wenn es Schwierigkeiten hat, sich in seiner eigenen Gefühlslandschaft zurechtzufinden, wenn es Schwierigkeiten hat, gesunde Beziehungen zu pflegen oder gar zu erkennen, was eine gesunde Beziehung ist, dann überschreitet eine durchschnittliche narzisstische Persönlichkeit die Grenze zur eigentlichen psychischen Erkrankung.

Im Allgemeinen stimmen Psychologen darin überein, dass diese extremere Art von Narzissmus nicht durch Drogenmissbrauch, externe Faktoren oder die Umwelt verursacht oder ausgelöst wird. Er kommt nach innen und wird von Tag zu Tag bösartiger.

Der Unterschied zwischen narzisstischer Persönlichkeitsstörung und Borderline-Persönlichkeitsstörung

Diese beiden Erkrankungen werden oft miteinander verwechselt, aber es gibt große Unterschiede, die sie voneinander unterscheiden. Erstens ist die Borderline-Persönlichkeitsstörung (Borderline Personality Disorder, BPD) eine direkte Folge der Umgebung einer Person, insbesondere in jungen Jahren. Ein wiederholtes Trauma durch Missbrauch oder eine turbulente, auf Wut ausgerichtete Familiendynamik kann im Laufe der Zeit dazu führen, dass eine Person Verhaltensmuster als Abwehrmechanismus gegen künftige Störungen entwickelt. Diese Verhaltensmuster prägen das klassische Bild einer Person, die an BPD leidet.

Menschen mit BPD haben oft enorme Verlassenheitsängste, die aus mangelnder Verbindung oder völliger Verlassenheit als Kind herrühren. Sie glauben, dass jeder Partner sie verlassen wird. Manche haben sogar Schwierigkeiten, sich von einem Partner zu verabschieden, wenn dieser zur Arbeit geht. Sie werden um sich schlagen, sich aufspielen und sogar versuchen, geliebte Menschen zu verletzen, wenn die Angst, selbst verletzt zu werden, zu groß wird. Ironischerweise stoßen sie oft Menschen weg oder fliehen aus Beziehungen, weil sie die gleiche Angst haben, verlassen zu werden.

Der Unterschied zwischen jemandem mit BPD und jemandem mit NPD besteht jedoch darin, dass die Person, die an BPD leidet, tatsächlich Reue und Scham für ihr Verhalten empfindet. Sie kann sich ihrer Verletzungszyklen bewusst werden und sogar Schritte unternehmen, um diese Zyklen zu durchbrechen, so dass sie ihr reaktives Verhalten besser kontrollieren kann. Mit der Zeit kann eine Person mit BPD sogar aus dem symptomatischen Verhalten "heraus altern" und zu jemandem werden, der nicht länger Sklave seiner eigenen Ängste vorm Verlassen werden und Missbrauch ist.

Eine Person mit NPD kann jedoch die Konsequenzen ihres Verhaltens in Bezug auf die Schädigung eines anderen Menschen einfach nicht wahrnehmen. Empathie ist nicht vorhanden. Sie wissen, was jemanden verletzen wird, und sie werden dieses Wissen nutzen, um das zu bekommen, was sie wollen, und sie werden keinerlei Reue empfinden, dass sie diese Entscheidungen getroffen haben. Es gibt viele, die sagen, dass deshalb eine echte NPD niemals geheilt oder gealtert werden kann.

Auch Menschen mit narzisstischer Persönlichkeitsstörung hegen extreme Angst vor dem Verlassen werden. Die Art und Weise, wie sie damit umgehen, unterscheidet sich jedoch deutlich von denen, die an einer BPD leiden. Der Narzisst ist bestrebt, die Menschen durch systematischen Missbrauch und regelmässige Distanz zur Realität in ihrer Nähe zu halten.

Sowohl diejenigen mit NPD als auch diejenigen mit BPD haben viele Gemeinsamkeiten. Beide operieren in einer Art Kreislauf. Diejenigen mit NPD nähern sich den Menschen zunächst in einer "charmanten Phase", in der sie sich mit Komplimenten und Aufmerksamkeit überschütten, um diese Person zu umwerben, ihnen näher zu kommen. Diejenigen mit BPD wenden diesen charmanten Flitterwochenschwerpunkt nach innen - sie "idealisieren" die neue Person und stellen sie auf ein Podest, als ob niemand sonst auf der Welt mit ihnen verglichen werden könnte.

Auch die nächste Phase ist für beide ähnlich. Der Narzisst beginnt dann damit, die Abwehrmechanismen und die Realität der "bezauberten" Person aufzubrechen, indem er Tricks und Techniken anwendet, die wir später in diesem Buch besprechen werden. Diese Person wird von dem Glauben, dass der Narzisst das Beste war, was ihr je passiert ist, zu der Frage übergehen, warum sie immer noch hierbleibt, wenn der Narzisst sie so schrecklich findet. (Hinweis - der Narzisst findet sie weder großartig, noch schrecklich, sondern notwendig).

Auf der anderen Seite wird die Person, die an BPD leidet, an einem Punkt ankommen, an dem das Objekt ihrer Verehrung einen Fehler macht, und dieser Fehler wird die verheerende Phase verursachen, in der die Person mit BPD ihre Vollkommenheit zusammenbrechen sieht. Das ehemalige Objekt ihrer Verehrung wird durch eine überdramatische dunkle Linse gesehen. Sie waren nie gut, sie haben sich nie um die Person gekümmert, ihre Absichten waren immer fragwürdig, und so zieht sich die Person mit BPD zurück.

Die einfache Fähigkeit, gleichzeitig die Gedanken, Gefühle und Sorgen eines anderen Menschen zu hören und gleichzeitig die eigenen auf objektive, zerstörungsfreie Weise auszudrücken, ist weder einfach noch für Menschen, die an NPD und BPD leiden, verfügbar - der Unterschied besteht darin, dass der Patient mit BPD durch Therapie und Willenskraft die Fähigkeit zu gesunder Kommunikation und Partnerschaft entwickeln kann. Der Patient mit NPD kann das nicht.

Kapitel 2: Narzisstischer Missbrauch

Narzissten sind keine typischerweise glücklichen Menschen, nicht so, wie alle anderen glücklich sind. Zwischen ihrem gebauten, fassadenhaften Selbst und der Realität der tiefen Scham, die sie in sich bergen, klafft eine große Lücke. Sie müssen sich ständig von dem Schmerz dieses Daseins ablenken, indem sie andere missbrauchen und die Reaktionen der anderen auf diesen Missbrauch einholen. Diese Reaktion ist als narzisstisches Angebot bekannt.

Sie können in Ihre Privatsphäre eindringen. Ein Narzisst kann Ihre E-Mails und Ihr Telefon überprüfen, Ihre Post durchsehen, Schubladen durchwühlen und nach Geheimnissen suchen, die Sie vor ihnen versteckt haben (oder in Wirklichkeit nach Dingen, die Sie sich einfach noch nicht entschieden haben, mit ihnen zu teilen). Sie werden die Texte auf Ihrem Telefon überprüfen und daraus irrationale, überzogene Schlussfolgerungen ziehen. Sie werden im Internet nach Dingen suchen, die mit Ihrem Namen zu tun haben, sie werden nachschauen, wer auf Ihre Beiträge und Bilder in den sozialen Medien geantwortet hat, und sie werden die Profile derer, mit denen Sie in sozialen Medien in Verbindung stehen, über-prüfen.

Kühle Feindseligkeit. Vielleicht fällt Ihnen auf, dass selbst dann, wenn ein Narzisst nette Dinge zu Ihnen sagt, Ihnen die Haare zu Berge stehen, ein kühles Gefühl in der Luft liegt. Komplimente, aufmunternde Worte, unterstützende Äußerungen und Liebesgeständnisse - all das fühlt sich surrealistisch falsch an, als hätte man dem Narzissten ein Drehbuch gegeben. In Wirklichkeit sind diese Worte, so schön sie äußerlich auch sein mögen, in Wirklichkeit Methoden der Manipulation. Diejenigen, die in solchen Umgebungen aufgewachsen sind, sind normalerweise machtlos, diese Techniken in Erwachsenenbeziehungen zu erkennen.

Die Narzisstin vernachlässigt möglicherweise ihre(n) geliebten Menschen. Kinder, die mit narzisstischen Eltern aufwachsen, werden sich daran erinnern, dass sie allein gelassen wurden, wenn sie verletzt oder krank waren.

Vorenthalten als Strafe. Der Narzisst kann Geld, Aufmerksamkeit, Zeit, Sex, sogar beiläufige Gespräche (auch bekannt als die schweigende Behandlung) zurückhalten, um seine Lieben zu verletzen oder Vergeltung für wahrgenommene Kränkungen oder Angriffe zu üben.

Ein Narzisst kann Sie zum Spaß oder für seine eigenen Bedürfnisse ausnutzen oder ausnutzen. Für einen Narzissten sind Sie keine wirkliche Person und Sie spielen keine Rolle. Sie existieren in ihrem inneren Kreis, um ihre Bedürfnisse zu befriedigen, nichts weiter.

Sie vergleichen Sie oft mit sich selbst oder mit anderen. Es ist wichtig, dies zu erkennen. Eine psychisch gesunde Person bittet selten darum, dass jemand sie mit jemand anderem vergleicht, weil sie weiß, dass jeder Mensch einzigartig ist, und dass es wirklich nichts gibt, was "besser" oder "schlechter" ist als jeder andere. Wir alle haben unsere eigenen einzigartigen Talente, Probleme und negativen Eigenschaften. Wenn man sie also mit anderen Menschen vergleicht - oder mit dem Narzissten selbst - wird das Opfer von Missbrauch regelmäßig zermürbt, und sich darüber zu beschweren oder zu versuchen, es zu bekämpfen, macht es nur noch schlimmer.

Es wird für Sie schwierig sein, in irgendeinem Bereich Ihres Lebens persönlichen Erfolg zu erzielen, weil der Narzisst diesen Erfolg persönlich nehmen wird. Deshalb wird der Narzisst versuchen, Sie auf jede erdenkliche Weise zu sabotieren. Er wird vielleicht Freunde über Sie anlügen oder versuchen, Sie davon zu überzeugen, dass die Chancen für Ihren Erfolg zu groß sind, so dass Sie aufgeben müssen. Besonders wenn es um andere Beziehungen geht - sei es zu Freunden, Kollegen, Familie - wird der Narzisst versuchen, auch diese zu sabotieren. Je näher der Narzisst daran ist, das Zentrum Ihrer Welt zu werden, desto leichter kann sie Sie manipulieren und von Ihnen Nachschub erhalten.

Ständige Lügen und Täuschung helfen der Narzisstin, Ihren Realitätssinn systematisch zu verzerren. Es ist schwer, sich zu wehren, wenn Sie nicht einmal mehr wissen, wer Sie sind oder ob Sie gar derjenige sind, der den Missbrauch begeht, denn ein Narzisst wird versuchen, Sie zu überzeugen.

Eine einfache Sache wie das Spielen eines Spiels, sei es Schach, Karten, ein Brettspiel, ein Mehrspieler-Videospiel, wird die wahre Natur eines Narzissten zum Vorschein bringen. Sie können betrügen oder hochaggressive Taktiken anwenden, die sich perfekt an die Regeln halten, aber sicherstellen, dass der Narzisst immer gewinnt, immer vorne herauskommt. So etwas wie Spielen zum Spaß gibt es nicht. Jede Übung und jede Übung im täglichen Leben muss dazu dienen, zu zeigen, dass der Narzisst besser ist als alle anderen. Wenn jemand anderes das Spiel zu gewinnen scheint, laufen die Spieler Gefahr, eine Episode narzisstischer Wut auszulösen: das Brett wird vom Tisch gefegt, Gläser werden gegen die Wände geworfen, die Gäste gehen in Eile, verlegen und unbeholfen, und der Partner des Narzissten verlässt das Spiel mit einem sehr langen, verletzenden Gefühl, vielleicht bis zum Morgengrauen.

Emotionale Erpressung ist eine Taktik, die Narzissten anwenden, um ihren Partner dazu zu bringen, das zu tun, was der Narzisst von ihnen will. Wenn der Partner sich endlich entschlossen hat, die Beziehung zu beenden und z.B. zu gehen, kann der Narzisst sagen, dass sie vorhat, sich umzubringen, wenn der Partner tatsächlich geht. Der Narzisst kann auch versuchen, seinen Partner einzuschüchtern oder zu bedrohen - wenn der Partner von Gefühlen der Verletzung, der Traurigkeit, des Verrats, der Hoffnungslosigkeit gefangen ist, dann ist er ganz der Laune und dem Ruf des Narzissten ausgeliefert und kann nicht die Energie aufbringen, sich richtig zu wehren oder zu gehen.

Das Gaslighting wird oft auf emotionale Erpressung folgen oder ihr vorausgehen. Der Begriff "Gaslighting" stammt aus einem Theaterstück, das ursprünglich "Angel Street" hieß, aber in "Gaslighting" umbenannt wurde, als es in einen Film verwandelt wurde, in dem eine Figur kleine Dinge tut, um ihren Partner davon zu überzeugen, dass er verrückt ist, wie z.B. Dinge im Haus zu bewegen und zu leugnen, dass Gespräche jemals stattgefunden haben. Ein Narzisst wird ständig Momente der Realität leugnen, ihnen ausweichen oder sie so umlenken, dass sich sein Partner mit der Zeit ständig selbst in Frage stellt. Eine Taktik der Partner besteht darin, Gespräche aufzuzeichnen, aber auch dies löst oft eine Episode narzisstischer Wut aus. Der Narzisst darf nie mit seinem eigenen Verhalten konfrontiert werden; er ist unfähig, die Schuld für den Schmerz eines anderen zu übernehmen.

Andere Gründe, aus denen ein Narzisst Gaslighting nutzen wird, sind, dass er seinem Partner das Gefühl geben will, selbst unfähig zu sein oder sogar selbst von einer Persönlichkeitsstörung betroffen zu sein. Jede Anschuldigung oder Beobachtung, egal wie diplomatisch ausgedrückt oder wie objektiv, wird umgedreht und benutzt werden, um schließlich den Beschuldigenden anzuklagen.

Zu den Taktiken, mit denen Sie unter einem direkten Angriff mit Gaslighting in Ihrer Realität geerdet bleiben, gehören das Aufschreiben von Dingen, das Teilen der Momente mit vertrauenswürdigen Freunden und sogar das Veröffentlichen von Momenten in sozialen Medien, solange sie von den neugierigen Augen des Narzissten entfernt sind. Denken Sie daran, dass Sie sich dem Narzissten niemals beweisen können - was Sie versuchen, ist, sich selbst zu beweisen, dass diese Momente geschehen sind, damit Sie in Ihrer Realität standhaft bleiben.

Sarkasmus ist die von Narzissten am häufigsten gesprochene Sprache. Es wird nie ein ehrliches Kompliment oder eine ehrliche Beobachtung geben, ohne dass ein dunklerer Ton von Sarkasmus durchwoben wird. Der Partner des Narzissten darf sich nie sicher fühlen, sich nie selbstbewusst fühlen, sich nie gut genug fühlen - auch wenn man es ihm in der charmanten Zeit vielleicht gesagt hätte: "Ich habe Sie gewählt, weil Sie würdig sind". Jetzt, da die Person ein fester Bestandteil im Leben des Narzissten ist, hört man eher: "Natürlich, Sie sind ein guter Architekt", mit einem Sarkasmus, der so bissig ist, dass er in der Lage zu sein scheint, tief in die Haut einzudringen.

Projektion. Dies ist eines der Werkzeuge, die ein Narzisst benutzt, um Sie von den Füßen zu halten und zu verhindern, dass Sie die Realität aus der Illusion heraus bestimmen können. Wenn Sie es jemals wagen, dem Narzissten etwas vorzuwerfen - selbst wenn Sie nur andeuten, dass es eine Möglichkeit sein könnte -, warten Sie, bis sich das Blatt wendet, wenn der Narzisst Ihnen dasselbe vorwirft. Vielleicht nicht sofort, aber Sie werden verblüfft sein zu hören, wie sich Ihre eigenen Anschuldigungen - manchmal Wort für Wort - gegen Sie wenden, wenn die Projektion stattfindet.

Falschdarstellung und pauschale Verallgemeinerungen. Das Arsenal des Narzissten ist stark gespickt mit der den Verstand verwirrenden Angewohnheit, Ihnen großartige Aussagen an den Kopf zu werfen, wie zum Beispiel "Sie sind immer unglücklich" oder "Wenn Sie ein richtiger Mann wären, würden Sie...". Sobald die Narzisstin eine Reihe von Etiketten für Sie erworben hat, wird sie diese benutzen, um alles abzulehnen, was Sie zu sagen haben. Mit der Zeit werden diese zu Mikroaggressionen, zu einer Auslöschung Ihrer Individualität, Ihres Wesens und Ihrer Identität. Sie werden einfach zu dem, für was der Narzisst Sie hält.

Zusätzlich wird der Narzisst auf Ihre Aussagen oder Fragen mit eigenen lächerlichen Aussagen antworten. Wenn Sie während eines Gesprächs über die Collegezeit zugeben, dass Sie endlich mit sich selbst zufrieden sind, könnte Ihr narzisstischer Partner plötzlich kontern: "Jetzt bist du also perfekt?" oder noch unverständlicher: "Dann bin ich wohl ein Stück Dreck". In einem Gespräch mit einem Narzissten gibt es keine Verbindung zwischen den Argumenten. In der Regel sind viele von ihnen faule Denker, weil ihre zerbrechlichen Egos mit großen Analyse-Leistungen nicht umgehen können. Sie können mit Selbstreflexion nicht umgehen, weil sie das, was sie sehen, verabscheuen. So wird das Leben für sie zu einer Reihe von seltsamen, pauschalen Aussagen, die oft nicht in den Kontext des Gesprächs zu passen scheinen, in das sie eingefügt werden.

Gedankenlesen. Eine weitere Taktik der Narzissten ist der Glaube, dass sie glauben, dass sie Sie besser kennen als Sie sich selbst (und diesen Satz werden sie ständig verwenden). Dies ist sowohl eine Möglichkeit, Ihre Autorität und Ihr Selbstbewusstsein zu untergraben, als auch Gespräche abzubrechen, die sie nicht führen wollen.

Wenn sich der Narzisst in einem Geschäft ein Hemd aussuchen will, wird er diesen Moment wählen, um Sie zu verletzen. "Du denken, dass du in Mustern gut aussiehst, aber du weißt, dass es dich nur fett aussehen lässt. Du denkst, du bist in Form, aber du bist es nicht." Solche Dinge werden oft vor anderen Menschen gesagt, um die Schlagkraft zu erhöhen.

Der Torpfosten bewegt sich. Einem Narzissten ist es egal, ob Sie im Leben erfolgreich sind. Ihr Erfolg mag eines der Dinge gewesen sein, die den Narzissten zu Ihnen hingezogen haben - entweder, weil er bewiesen hat, dass Sie ihrer Gesellschaft würdig sind, oder weil es für den Narzissten eine Herausforderung wurde, Sie zu brechen, oder sogar, weil der Narzisst mit Ihnen konkurrieren musste - aber wenn Sie in einer Beziehung mit einem Narzissten sind, ist Ihr Erfolg nur eine Herausforderung, eine Langeweile und/oder eine Bedrohung für die eigenen Leistungen des Narzissten. Der Narzisst mag so tun, als würde er Ihnen die Daumen drücken, aber sobald Sie etwas erreicht haben, was Sie schon seit einiger Zeit versucht haben, wird der Narzisst sich umdrehen und stattdessen ein höheres Ziel erwähnen und den Moment Ihres Erfolgs im Jetzt gründlich auslöschen.

Im Laufe der Zeit ist die unbewusste Botschaft, die der Narzisst Ihnen sendet, dass Sie nicht gut genug sind und es nie sein werden. Immer und immer wieder versuchen Sie, Ihrem narzisstischen Partner zu gefallen, aber mit der Zeit werden Sie erkennen, dass nichts, was Sie tun, ihr missbräuchliches Verhalten ändern kann. Sie können niemals die Gunst eines Narzissten gewinnen, denn ein Narzisst begünstigt nur sich selbst.

Tiefer in den Unsinn. Gespräche und Auseinandersetzungen mit einem Narzissten gehen oft vom Erhabenen ins Lächerliche. Wenn Sie den Fehler machen, darauf hinzuweisen, dass Ihr narzisstischer Partner Ihren Kindern mehr Aufmerksamkeit schenken sollte, könnte der Narzisst einen Fehler zur Sprache bringen, den Sie vor fünf Jahren gemacht haben - und der sehr wohl nichts mit dem Gesprächsthema zu tun haben könnte. Es gibt weder einen Reim noch einen Grund, mit einem Narzissten vernünftig reden zu wollen. Sie werden, was immer gerade zur Hand ist, alles andere als die sprichwörtliche Küchenspüle benutzen, um Sie außer Gefecht zu setzen oder Sie davon abzubringen, weiterhin Ihren Frieden sprechen zu wollen. Für einen Narzissten gibt es niemals Frieden.

Narzisstische Wut. Wenn ein Narzisst eine Beleidigung oder einen Angriff wahrnimmt, kann dies oft zu einer so genannten narzisstischen Wut führen. Hier sind alle Wetten ungültig und alle Schläge sind billig. Sie greifen zu Beschimpfungen, Drohungen mit romantischen Vergeltungsmaßnahmen, körperlicher Gewalt, Drohungen gegen die Familie und gegen Ihr Hab und Gut. Selbst wenn Sie einen Rückzieher machen, wird die Bestrafung weitergehen und oft tage- oder wochenlang in Schweigen oder Verlassenheit ausarten.

Zusätzlich zu Beschimpfungen wird der Narzisst oft beginnen, Ihre Überzeugungen, Ihre Identität, Ihren Glauben und Ihre Fähigkeiten zu zerstören, alles, was einzigartig und persönlich für Sie ist, so dass Sie sich mit der Zeit wie ein Schwindler fühlen, der nichts als Spott wert ist. In diesem Zustand können Sie für einen Narzissten unmöglich eine Bedrohung oder ein Ärgernis darstellen, aber Sie können stundenlang für dunkle Unterhaltung und Ego-Treibstoff (alias Nachschub) sorgen.

Kapitel 3: Narzisstische Züge und Verhaltensweisen

Es kann als eine unmögliche, wenn nicht gar völlig entmutigende Aufgabe erscheinen, all die verschiedenen Verhaltensweisen und Eigenschaften vorherzusagen, die ein Narzisst zeigen wird, aber eines sollte man bedenken: Jede dieser Eigenschaften führt auf die gleiche Ursache zurück: ein lähmend geringes Selbstwertgefühl. So wie ein Tyrann einst selbst Opfer von Mobbing war, so ist das unerhört schädliche Verhalten eines Narzissten eine Folge davon, dass er in seinen prägenden Jahren von anderen schlecht behandelt wurde, von den Gedanken in seinem eigenen Gehirn oder von beiden.

Heiß und kalt. Der Narzisst reagiert auf die Taten seiner Lieben mit einem Arsenal von Strafen. Einige sind eisig, distanziert, andere sind explosiv und voller Wut. Ein einfaches Erzählen der Geschichte über den eigenen Tag kann auf kühles Desinteresse des Narzissten stoßen, unterbrochen von einer kalten Aussage wie "Ich will es nicht hören". Ein Narzisst kann versuchen, die unpopuläre Meinung eines Partners zu unterbrechen, indem er sagt: „Halte jetzt den Mund". Diese unverschämt unhöflichen und kämpferischen Äußerungen sind Dinge, von denen der Narzisst glaubt, dass es in seinem eigenen Recht liegt, sie zu sagen; er hat die Kontrolle, weil er überlegen ist - auch wenn er tief im Kern seiner selbst fühlt, dass er der Schlimmste ist. Es ist das ständige Pingpong der Unterlegenheit/Überlegenheit, dem der Narzisst niemals entkommen kann, und alles, was er tun kann, ist reagieren, reagieren, reagieren, reagieren, wenn andere seinen selbstverursachten Traum, besser als andere zu sein, unterbrechen.

Andere Methoden der Einschüchterung sind physische Drohungen: "Wenn du es nicht gehen lässt, schlage ich dich" oder kalte, eisige Blicke, die die andere Person davon abhalten sollen, mit einer Handlung oder einem Verhalten fortzufahren, das den Narzissten so tief beleidigt hat.

Die Realität verdreht sich. Wenn Sie mit einem Narzissten zusammen sind, stellen Sie vielleicht fest, dass die Dinge gut laufen, dass das Gespräch reibungslos und fröhlich abläuft, wenn Sie plötzlich einen Augenblick später einer schrecklichen Tat beschuldigt werden, die Sie sich in Ihren kühnsten Träumen nie hätten vorstellen können, oder dass etwas aus der Vergangenheit plötzlich Ihre Schuld ist. Es ist, als ob Sie und der Narzisst um eine Ecke bogen und der Himmel augenblicklich schwarz wurde und Sie sich mitten in einem Gewitter wiederfanden. Der Narzisst benutzt diese Schnellwechseltaktik, um Sie aus der Bahn zu werfen und Sie zu verwirren, indem er Ihre Realität verdreht, bis Sie mit der Zeit die Energie verlieren, den Narzissten herauszufordern und einfach zu akzeptieren, dass das, was der Narzisst diktiert, Realität ist. Manche Menschen gehen Jahrzehnte unter der totalen Kontrolle eines Narzissten, und wenn sie dann endlich entkommen, ist der Heilungsprozess, der vor ihnen liegt, ein langwieriger. Im Wesentlichen müssen sie ihre eigenen Sinne, ihren Realitätssinn, ihre eigene Fähigkeit, zu erkennen, was real ist und was fabriziert wurde, wieder aufbauen.

Der Narzisst ist ein Heuchler. Welche Regeln auch immer für den Narzissten gelten, sie gelten nicht für Sie. Sie müssen sich an das Haushaltsbudget halten und dürfen kein Geld für Ihre eigenen Interessen oder Hobbys ausgeben, aber der Narzisst wird sich natürlich die Erlaubnis geben, seinen Hobbys und seinem Geschmack zu frönen, und zwar in finanzieller Hinsicht. Der Narzisst wird sich erlauben, auszuschlafen, während Sie aufstehen und bereit sein sollten, oder er wird Sie dazu drängen, zu denken, dass Sie die meiste Hausarbeit erledigen sollten, weil er Unordnung und Dreck ekelhaft findet - ein zweischneidiges Schwert, weil er Sie auch dafür bestrafen wird, dass das Haus unordentlich ist, oder er wird darüber reden, was für ein Müllhaufen das Haus im Allgemeinen ist, und jeder, der so leben würde, ist ein Schlamper. Jede Ihrer Unsicherheiten wird zum Freiwild werden, um Sie unter Kontrolle zu halten. Wenn Sie sich einmal anvertraut haben, dass Sie wegen Ihres Gewichts Probleme mit Ihrem Selbstwertgefühl haben, wird der Narzisst Sie fett nennen, wenn Sie einmal die Tatsache geteilt haben, dass Sie in Ihren Teenagerjahren mit Selbstmordgedanken gerungen haben, wird der Narzisst Ihnen in der Hitze eines Streits sagen, Sie sollen sich umbringen. Das Leben mit einem Narzisst ist wie das Leben mit einer Kobra, schließlich muss die Schlange schlafen, aber in allen anderen Fällen ist ihr Gift tödlich gefährlich.

Schuldzuweisungen. Natürlich ist nicht jeder ein Schwächling, und nicht jeder wird im Liegen schlecht behandelt. Dem Partner, der sich wehrt, steht jedoch eine extremere Behandlung bevor. Sollte dieser Partner die Beherrschung verlieren und versuchen, das missbräuchliche Verhalten des Narzissten herauszurufen oder seine Stimme zu erheben, wird der Narzisst schnell darauf hinweisen, dass der Partner tatsächlich psychisch krank ist und Hilfe braucht. Vielleicht wird der Narzisst an diesem Punkt eine weitere Realitätsverschiebung vornehmen und zärtlich und fürsorglich werden und dem wütenden Partner erklären, wie alles in Ordnung kommen wird, er muss nur etwas Hilfe bekommen. Plötzlich hinterfragt der Partner oder die geliebte Person, die im Laufe der Zeit Misshandlungen erlitten hat, sammelt Fakten als Munition, geht die vergangenen Momente in ihrem Kopf durch, um sicherzugehen, dass sie Recht hatten, und fragt sich, ob sie stattdessen tatsächlich die Ursache aller Probleme im Haushalt sind.

Sie sind der Narzisst. Viele haben versucht, ihren narzisstischen Partnern zu helfen, indem sie Bücher zu diesem Thema gelesen haben, ins Internet gegangen sind und Selbsthilfetests gefunden haben, um narzisstische Züge zu erkennen, Artikel über Narzissmus gelesen haben, aber sollte jemand versuchen, diese Informationen dem Narzisst nahe zu bringen, könnte es sein, dass sie selbst beschuldigt werden, Züge des Narzissmus aufzuweisen. Ein Narzisst wird sich niemals einer Untersuchung oder Analyse unterziehen. Jedes Wort, das aus Ihrem Mund kommt, ist Material, das gegen Sie verwendet werden kann.

Darüber hinaus werden alle Mängel oder schlechten Gewohnheiten oder psychischen Probleme, die Sie selbst besitzen, immer als Quelle für die Probleme in Ihrer Beziehung ausgemacht werden. Wenn Sie im College zu viel gefeiert haben, werden Sie ein Alkoholiker sein. Wenn Sie nach der Geburt Ihres Kindes zwanzig Pfund zugenommen haben, werden Sie ein Lebensmittelsüchtiger sein. Man kann Sie beschuldigen, bipolar zu sein, eine Zwangsstörung zu haben, eine Borderline-Persönlichkeitsstörung zu haben - wenn Sie versuchen, eine Analyse auf den Tisch zu bringen, werden Sie ständig von einem sehr sadistischen (und nicht lizenzierten) Therapeuten, dem Narzissten selbst, analysiert werden.

Eklatantes Desinteresse. Ein Narzisst fühlt sich nicht schuldig, wenn er sich weigert, sich auf etwas einzulassen, das er nicht interessant findet. Wenn Sie ihm einen Zeitungsartikel über die Eröffnung der Kunstgalerie eines besten Freundes bringen würden, würde er vielleicht einen Blick auf die Zeitung werfen und dann zu dem zurückkehren, was er gerade tat, und nichts sagen.

Er hat nicht das Gefühl, dass er jemandem seine Meinung schuldig ist, wenn das Thema seines Interesses nicht würdig ist. Lange Perioden des Schweigens markieren oft die Tage zwischen einem Narzisst und seinen Lieben. Er spricht zu ihnen, wenn er sich dazu entschliesst, oder wenn er etwas braucht, oder wenn es an der Zeit ist, ihnen mitzuteilen, auf welche Weise sie ihn enttäuscht haben.

Kapitel 4: Narzisstische Züge beim Partner erkennen

Haben Sie sich Sorgen gemacht, dass Sie vielleicht in einer Beziehung mit einem Narzissten stehen? Es ist wichtig, vielleicht sogar lebensrettend, frühzeitig die Zeichen zu erkennen, bevor zu viel Schaden angerichtet wird. Hier sind einige der Dinge, auf die Sie achten und zu denen Sie Fragen stellen sollten. Beginnen Sie mit dem Aufbau eines Unterstützungsnetzes abseits des Partners. Sie können Ihnen helfen, den Sinn für die Realität zu bewahren, während Sie sich auf dem unsicheren Boden einer Beziehung mit einem Narzissten bewegen.

Unnachgiebig. Ihr Partner kann nicht akzeptieren, dass das Leben ein Kompromiss ist. Es gibt keinen Kompromiss, für sie würde ein Kompromiss bedeuten, eine Niederlage zu akzeptieren, und ein Narzisst kann das niemals tun. Es geht nach ihrer Nase oder überhaupt nicht.

Ihr größter Wettbewerb. Manche Paare konkurrieren auf freundschaftliche Art und Weise, vor allem wenn sie die gleichen Interessen teilen oder ähnliche Karrieren haben. Vielleicht laufen sie zusammen und trainieren für Marathonläufe, wobei jeder versucht, den anderen zu übertrumpfen, um das Beste aus Training und Ausdauer herauszuholen. Bei diesem Wettkampf geht es nie darum, den Partner in der Niederlage zu zermalmen, sondern darum, durch liebevollen Wettkampf das Beste aus dem anderen herauszuholen. Das Leben mit einem Narzissten ist leider das Gegenteil dieser idealen Situation. Der narzisstische Partner wird immer versuchen, in allem besser zu sein, denn wenn man ihn in irgendeinem Bereich übertrifft, beleidigt man ihn.

Mangelnde Akzeptanz. Ein wichtiger und lebenswichtiger Teil jeder Beziehung, sei es zwischen Eltern und Kind, zwischen Geschwistern, zwischen zwei engen Freunden oder zwischen romantischen Partnern, ist die Akzeptanz all der verschiedenen Teile, die das Gesamtwesen dieser Person ausmachen. Mit einigen Teilen wird es schwierig sein, mit ihnen zu leben, andere werden glorreich sein. Einige Teile werden Aspekte der anderen Person ergänzen, aber einige können sich widersprechen. Die Entscheidung, mit einer anderen Person in der Partnerschaft voranzukommen, ist ein Akt der Liebe. Leider kann ein Narzisst nicht lieben. Sie sind unpassend für das Gefühl neurologisch vernetzt. Sie werden niemals von ihr akzeptiert werden, weder die Guten noch die Schlechten noch die Hässlichen. Sie sind nur dazu da, sie von der Leere in ihrem Inneren abzulenken.

Sie machen alles nur noch schlimmer. Das Leben kann voller stressiger Momente sein: Krankheit, Probleme bei der Arbeit, Rechnungen, Probleme bei der Kindererziehung. Mit einem narzisstischen Partner werden all diese Dinge durch Ihre Anwesenheit, Ihre Handlungen und Ihren Beitrag verschlimmert. Nichts, was Sie tun, wird ausreichen, und in der Tat kann das, was Sie tun und sagen, als Ursache für viele dieser Probleme verantwortlich gemacht werden.

Hyper-Kritik. Hatten Sie jemals einen Freund, der gerne an gesellschaftlichen Veranstaltungen teilnahm, nur um die anderen Leute auf der Party zu verprügeln? Vielleicht saßen Sie bei diesen Vorfällen in der ersten Reihe und lachten und schüttelten den Kopf über jede ungeheuerliche und vernichtende Sache, die diese Person über andere zu sagen hatte, und verspotteten ihre Kleidung, ihr Aussehen, ihre Partner- oder Berufswahl. Vielleicht haben Sie sich schuldig gefühlt, weil Sie die Person nicht wegen ihres unhöflichen Verhaltens angesprochen haben, aber es war damals urkomisch. Jetzt sind Sie leider mit jemandem verbunden - dem Narzissten -, der ein vernichtendes Auge auf Sie und alle anderen in Ihrem Leben wirft, und daran ist nichts Komisches zu finden. Die Nähe zu diesem weißglühenden Scheinwerfer der Kritik kann sich mit der Zeit anfühlen, als ob Sie neben einem Kernreaktor leben würden.

Wo bleibt da die Empathie? Wenn Sie sich einen Moment Zeit nehmen und die Person, von der Sie glauben, dass sie ein Narzisst sein könnte, lange und genau anschauen, sehen Sie dann Empathie? Wenn Sie versucht haben, ihnen zu erklären, wie sich etwas für Sie anfühlt, haben Sie dann einen Schimmer von Verständnis oder Desinteresse gesehen? Hat es jemals einen Moment gegeben, in dem Sie wirklich geglaubt haben, dass diese Person sich in die sprichwörtliche Lage eines anderen versetzt hat? Wenn nicht, stehen die Chancen sehr gut, dass sie ein Narzisst ist oder narzisstische Tendenzen hat.

Haben Sie sich mehr als einmal gefragt, ob diese Person Sie liebt? Vielleicht haben Sie die gesprochenen Worte gehört, aber haben Sie sie geglaubt?

Sie hängen mit den Kindern herum. Das ist eine schwierige Frage, denn seien wir ehrlich, nicht jeder genießt die Gesellschaft von Kindern. Aber selbst die zurückgezogenste Person wird den Kindern einen Teil ihrer Zeit widmen, besonders wenn sie mit dem Elternteil eines Kindes zusammen sind oder mit ihm zusammenleben. Und obwohl sie vielleicht nicht viel sagen oder es nicht besonders genießen, bei der Teeparty Ihrer Tochter anwesend zu sein, wissen sie instinktiv, dass es manchmal das Richtige ist, anwesend zu sein. Ein Narzisst hat jedoch nichts damit zu tun und schließt sich sogar in einem Schlafzimmer ein, um sich von den Kindern fernzuhalten.

Zum Thema Kinder: Wenn Sie Kinder haben, beobachten Sie, wie sie in der Nähe Ihres Partners reagieren. Hat es den Anschein, als ob sie immer versuchen, Zuneigung oder Aufmerksamkeit von ihnen zu gewinnen? Oder, wenn Sie schon länger in dieser Beziehung sind, bemerken Sie, dass die Kinder in der Nähe Ihres Partners schweigen, möglicherweise aus Angst vor Ablehnung oder Kritik Angst davor haben, etwas mit ihnen zu teilen? Wenn sich Ihre Kinder unbehaglich fühlen, vor allem wenn die Beziehung länger als nur ein paar Monate dauert, könnte das eine riesige rote Flagge sein, dass etwas nicht stimmt.

Die Meinungen der anderen über Ihren Partner stimmen nicht überein. Viele von uns sind mit jemandem ausgegangen, der ein komischer Kauz ist. Vielleicht sehen wir das Gute in ihnen, wo andere das nicht tun. Aber wenn Ihre Freunde, Verwandten, sogar Bekannten Ihnen immer wieder sagen, dass sie ein "schlechtes Gefühl" hatten oder ein besonders negatives Verhalten bemerkt haben: "Ich ging zu ihr, um ihr die Hand zu schütteln, und sie starrte mich nur an, dann ging sie weg", dann sollten Sie vielleicht auch stärker auf Ihre eigenen Instinkte hören.

Lügen. Das ist vielleicht die schwierigste Aufgabe, denn Sie müssen die Kraft finden, ehrlich zu sich selbst zu sein. Vielleicht steht Ihre Realität bereits auf wackligem Boden. Vielleicht haben Sie bereits begonnen, Ihre eigene Beobachtungsgabe in Frage zu stellen. Wenn Sie sich an Zeiten erinnern können, in denen Ihr Partner mutig, offensichtlich gelogen und dann mit aller Kraft versucht hat, Sie vom Gegenteil zu überzeugen, müssen Sie sofort Hilfe suchen. Das ist eines der größten Anzeichen dafür, dass Sie mit einem Narzissten verstrickt sind.

Eine Sache, die Ihnen helfen kann, die Realität fest im Griff zu behalten, ist, Dinge aufzuschreiben oder sogar Gespräche aufzuzeichnen. Jetzt, da Mobiltelefone die Möglichkeit zur Aufzeichnung bieten, kann es viel einfacher sein, dies auf subtile Weise zu tun, ohne dass der potenzielle Narzisst merkt, dass Sie ihn aufzeichnen. Lassen Sie sich nicht erwischen. Selbst wenn Sie die Worte des Narzissten wiedergeben würden, würde der Schwerpunkt immer auf dem Verrat des Aktes der Aufzeichnung des Gesprächs liegen, nicht auf dem Gespräch selbst.

Kapitel 5: Toxische Beziehungen vs. Gesunde

Starkes Selbstbewusstsein

Man muss nicht mit einem Narzissten zusammen sein, um toxische Liebe zu erleben, aber es ist hilfreich, ein solides Fundament und Wissen darüber zu haben, was mit einer ungesunde Beziehung zu tun hat und was eine wirklich gesunde Beziehung ausmacht.

Viele Menschen glauben, dass der ideale Partner sie "vervollständigen" wird, und so suchen sie nach jemandem, als ob sie nach einem verlorenen Stück von sich selbst suchen würden. Diese Art des Denkens kann Sie tatsächlich zur perfekten Zielscheibe für einen Narzissten machen. Ihr Lebensziel sollte es sein, als ganzer, vollständiger Mensch zu wachsen - der ideale Partner wird Sie nicht vervollständigen, weil Sie bereits zu 100 % Sie sind, aber er wird Ihnen ein Kompliment machen.

Es gibt zwei Seiten der Medaille, wenn es um eine Beziehung geht: Entweder kann man mit der Unterstützung und Ermutigung des Partners weiterhin Selbstwachstum und Lernen anstreben (und das sollte in beide Richtungen gehen), oder man kann von der Beziehung selbst besessen sein. Letzteres ist ungesund und führt zu einer Koabhängigkeit, und diese Einstellung macht einen wiederum zu einem potenziellen Opfer eines Narzissten.

Stagnation

Wenn Sie nicht wachsen, leben Sie wirklich Ihr bestes Leben? Viele Paare werden sich vor Wachstum und Veränderung ihrer Partner fürchten, weil dies bedeutet, dass sich auch die Beziehung verändern wird. Veränderung ist jedoch ein Teil des Lebens, und sie deutet auf eine gesunde Beziehung hin, aber nicht, wenn sich nur einer der Partner verändert. Gesunde Liebe ermutigt jeden Partner, sich selbst und seinem eigenen Weg treu zu bleiben. Ungesunde Liebe hat Partner, die versuchen, gleich zu bleiben, wie Zwillinge, so dass sich niemand jemals zurückgelassen fühlt. Diese durch Unsicherheit hervorgerufene Tendenz ist auf das Bedürfnis nach Liebesbeweisen zurückzuführen. Umgekehrt ist der Beweis für eine gesunde Liebe die Bereitschaft, den Partner zu unterstützen, wenn er sich verändert und sich natürlich entwickelt.

Individuell, aber gemeinsam

Eine gesunde Beziehung ist eine Beziehung, in der sich beide Partner sicher fühlen, ihre eigenen Interessen und Freundschaften außerhalb der Partnerschaft zu verfolgen. Die Liebe zum Sport oder zu den Künsten, zur Natur oder zu persönlichen Beschäftigungen sind nichts, was die Grundlage der Beziehung bedroht, sondern stärken sie, da jeder Partner einzigartige Erfahrungen macht, die er mit nach Hause bringen kann, um sie mit seinem liebevollen, unterstützenden Partner zu teilen. Eine toxische Beziehung ist dagegen eine Beziehung, in der sich die Partner von der Außenwelt abschotten, sich immer mehr zurückziehen und kurzsichtig werden, wobei sie oft die Verbindung zur Familie oder zu Freunden abbrechen, während sie in einer klaustrophobischen Welt überwintern, in der Wachstum unmöglich ist.

Darüber hinaus ist eine gesunde Beziehung eine Beziehung, in der die Führungsrolle von der Dynamik jedes Einzelnen abhängt. Manchmal ist es für den einen Partner angenehmer, wenn der andere Partner die meisten finanziellen Entscheidungen trifft. Zu anderen Zeiten treffen sie große Entscheidungen gemeinsam, aber sie tauschen Rollen, wenn kleinere Angelegenheiten entschieden werden müssen. Was auch immer die besondere Dynamik ist, sie basiert auf Liebe und Vertrauen, nicht auf Macht oder Kontrolle. Eine gesunde Partnerschaft ist eine Partnerschaft, in der jeder Einzelne seine eigenen Stärken und Schwächen erkennen kann und weiß, dass er sich darauf verlassen kann, dass sein Partner in Bereichen stark ist, in denen er es nicht ist, und Scham spielt keine Rolle, wenn es darum geht, dies zu erkennen.

Lieben, was bereits wahr ist

Viele Menschen sprechen davon, dass ein potenzieller Partner ein guter "Fang" wäre, dass sie aber zuerst ein paar Dinge ändern würden. Menschen sollen nicht nach dem Ideal eines anderen Menschen geformt, gestaltet oder ausgebildet werden. Diese Art von Liebe wird niemals zu einer gesunden Beziehung führen. In einer gesunden Beziehung liebt jeder Partner den anderen so, wie er bereits ist, wie er vor Beginn der Beziehung war und wie er mit jedem Tag wächst. Das heißt nicht, dass problematische Verhaltensweisen oder Lebensabschnitte wie Sucht, Depressionen, Probleme bei der Arbeit oder größere berufliche Veränderungen, die Trauer über den Verlust eines geliebten Menschen oder eine Verletzung oder Krankheit keine Rückschläge und Herausforderungen für die Beziehung darstellen. Wenn beide Partner jedoch schätzen, wer jeder von ihnen ehrlich ist, können sie diese Herausforderungen mit einer größeren Erfolgschance meistern.

Wenn Sie oder Ihr Partner glauben, dass sie sich gegenseitig "reparieren" oder "trainieren" können, dann sind das Anzeichen für toxisches Denken, und sie beweisen, dass die Person, die glaubt, dass sie diese Dinge mit einem Partner erreichen kann, noch nicht bereit ist für eine gesunde Beziehung.

Abtrennung

Abtrennung ist für viele Menschen ein beängstigendes Thema. Diejenigen, die an einer Borderline-Persönlichkeitsstörung leiden, können dieses Konzept als besonders herausfordernd empfinden, wenn sie immer noch mit dem Gefühl des Verlassenseins zu tun haben. Abtrennung ist jedoch notwendig, um Stagnation und Koabhängigkeit zu verhindern. Stellen Sie sich vor, Sie könnten nicht richtig funktionieren, wenn ein Ehepartner oder Partner auf eine zweiwöchige Geschäftsreise geht? In einer gesunden Beziehung könnte eine solche Abwesenheit eine Herausforderung darstellen, und die Einsamkeit könnte sicherlich ins Spiel kommen, aber der Partner zu Hause wäre immer noch in der Lage, zur Arbeit zu gehen, zu duschen, sich gesund zu ernähren und Selbstversorgung zu praktizieren. In einer koabhängigen Beziehung könnte sich der Partner zu Hause durch Gefühle der Verlassenheit und Paranoia so unfähig fühlen, dass er kaum etwas anderes tun würde, als im Bett zu liegen, gequält von Sorgen und negativen Gedanken.

Ko-Abhängigkeit führt zu Besessenheit, und Besessenheit führt zu einem Zusammenbruch des Selbst: Selbstwertgefühl, Selbstwert, Selbstfürsorge. Der Narzisst wünscht sich unbewusst einen solchen Partner. Sie sind perfekt geeignet, um für die täglichen Übungen und Launen des Narzissten geformt, gestaltet und manipuliert zu werden.

Gratifikation und Anspruch

Sex wird häufig als Mittel zwischen Paaren eingesetzt. Er kann als Belohnung oder als Mittel zur Erlangung von Affirmation eingesetzt werden. Ich fühle mich attraktiv und sexy, weil er Sex mit mir hatte, oder, ich weiß, dass sie mich nicht verlassen wird, solange wir regelmäßig Sex haben. Diese unausgesprochenen Pakte, die zwischen koabhängigen Partnern geschlossen werden, bewirken genau das Gegenteil einer Stärkung der Beziehung; sie zerfallen in eine Reihe von Manövern und Machtspielen.

Das Streben nach sofortiger Befriedigung auf Kosten des Partners ist nicht das, worum es in einer gesunden Beziehung geht. Jeder Partner ist nicht dazu da, dem anderen zu dienen. Jeder Tag ist eine Entscheidung, sich in Liebe, Respekt und liebevoller Distanz vorwärts zu bewegen.

Die Kraft des Alleinseins

Viele Menschen können Momente der Einsamkeit nicht ertragen. Stattdessen suchen sie sich ihren Partner zu jeder Zeit, um zu vermeiden, dass sie überwältigende Gefühle der Einsamkeit empfinden. Ein gesunder Mensch kann jedoch in Momenten der Einsamkeit Frieden und Heilung finden. Statt Angst gibt es Momente der Klarheit und des Bewusstseins. Statt Panik gibt es Frieden. In einer gesunden Beziehung hat jeder Partner Raum, von Zeit zu Zeit seinen eigenen Weg zu gehen, und diese Partner finden, dass das Wiedersehen danach um so süßer ist.

Kapitel 6: Narzissmus in Beziehungen

Einige Narzissten sind Neugierige, die aus einer Vielzahl von Gründen, die sich um die einzigartigen Qualitäten, das Erbe oder die Lebensentscheidungen des zukünftigen Partners drehen, jemanden objektivieren und sich auf ihn konzentrieren. Vielleicht haben diese Qualitäten mit Rasse oder Kultur oder einem großen Altersunterschied zu tun. Vielleicht haben sie eine ungewöhnliche Berufswahl oder ein ungewöhnliches Hobby. Was auch immer der Grund sein mag, der Narzisst kann sich schnell vom bewundernden Fan zum hasserfüllten, voreingenommenen Überbringer von Verachtung verwandeln. Diese Beziehungen können für den Partner des Narzissten besonders schmerzhaft und verheerend sein, da sie darauf hinarbeiten, genau die Dinge niederzureißen und herabzusetzen, die diesen Partner zu dem machen, was er ist. Für lebenswichtige Aspekte seiner selbst gehasst zu werden, sollte niemand ertragen müssen.

Hassorientierte Narzissten suchen zunächst nach einem kriminellen Partner. Genau wie dieser verächtliche Partygänger, der Ihnen einen Platz in der ersten Reihe für seine urkomischen und grausamen Bemerkungen über andere Teilnehmer gegeben hat, so segelt dieser Narzisst durchs Leben, ein Kritiker aller anderen mit Ihnen an seiner Seite. Am Anfang sind Sie die rechte Hand dieses Narzissten, weil Sie "besser", "besonders" sind, aber es wird nicht lange dauern, bis Sie sich in den Streit derer einreihen, die der Narzisst für lächerlich hält.

Einem Narzissten verfallen

Studien zeigen, dass die ersten sieben Begegnungen, die Sie mit einem Narzissten haben, Sie beeindrucken werden, wie positiv, höflich und charmant sie sind. Der Schlüssel zum Verständnis dessen, worauf Sie sich einlassen, liegt darin, sich auf die Tatsache zu konzentrieren, dass ein Narzisst seine soziale oder emotionale Fassade einfach nicht aufrechterhalten kann - das ist nicht real, das wird durch jahrelange Beobachtung des Verhaltens anderer Menschen praktiziert, vielleicht von Menschen, die der Narzisst einst beneidet hat. In einer sozialen Situation glänzen viele Narzissten absolut und bezaubern jeden auf der Party oder beim Abendessen mit ihrer Sensibilität und Schmeichelei. Wenn die Veranstaltung vorbei ist, kann jedoch nur der Partner des Narzissten sehen, wie sich der Narzisst wirklich fühlt, und kann alles über die verschiedenen Gäste der Veranstaltung und all ihre Fehler hören. Dasselbe kann vom Partner selbst gesagt werden. Wenn die Flitterwochenzeit der Beziehung vorbei ist, werden sie jeden Tag und mehrmals am Tag alles über ihre eigenen Fehler hören.

Genau wie das schnellste Landtier der Welt kann der Gepard seine atemberaubende Geschwindigkeit nicht länger als eine kleine Zeitspanne aufrechterhalten, so dass der Narzisst schließlich diesen unglaublichen Charme ablegen muss, um sein wahres Selbst zu enthüllen.

Der Partner eines Narzissten hat Plätze in der ersten Reihe für alle Arten von schrecklichem Verhalten. Sie beobachten, wie der Narzisst unhöflich ist, wenn er in einem Restaurant bedient, oder wie er auf einer Party direkt vor seinen Augen lasziv mit jemandem flirtet. Sie werden sehen, wie der Narzisst sich weigert, seinen Sitzplatz im Zug einer älteren Person zu überlassen, oder wie er sich an den Kopf einer Fahrkartenschlange schnitt, ohne auch nur einen Gedanken an die Beschwerden der anderen zu verschwenden, die zuerst dort waren. Die narzisstische Blase dreht sich um sich selbst und nur um sich selbst, der Rest der Welt existiert einfach nicht.

Ein Narzisst hält alle Ihre besseren Eigenschaften unter ein Mikroskop und seziert sie. Für einen Narzissten ist Arroganz sexy und Freundlichkeit erbärmlich, denn die Handlung, andere als sich selbst gut zu behandeln, ist ein Zeichen von integraler Schwäche. Sie werden Sie dafür beschimpfen, dass Sie einer Person in Not geholfen haben, während Sie stattdessen die Flammen ihres eigenen Egos hätten schüren können. Sie werden Sie immer wieder niederschlagen, weil Sie einfach nur Sie selbst sind, und wenn Sie ein fürsorglicher Mensch sind, werden Sie mit der Zeit anfangen zu glauben, dass Sie derjenige sind, der ein Monster ist, wenn es die ganze Zeit über der Narzisst war.

Manche Menschen können süchtig danach werden, sich in Narzissten zu verlieben, und zwar ausschließlich wegen der Intensität des Beginns der Beziehung und besonders diejenigen, die in giftigen Haushalten aufgewachsen sind und Gewohnheiten der Ko-Abhängigkeit entwickelt haben. Diese armen Leute haben echte Liebe gegen eine überlebensgroße Inszenierung eingetauscht. Sie sind süchtig nach der Intensität der Romantik, des Sex, der ständigen Verehrung, bevor das Unvermeidliche in die Dunkelheit fällt.

Eine Möglichkeit, einen Narzissten dazu zu bringen, ihre wahre Natur zu enthüllen, besteht darin, in ihrer Gegenwart naiv zu spielen. Ein Narzisst könnte zwar so tun, als würde er während der Umwerbungsphase Ihrer Beziehung Vertrauen verehren, aber in Wirklichkeit reagiert er negativ auf jeden, der besser zu sein scheint als er ist. Wenn Sie sich zu ihnen herablassen, werden sie das nötige Selbstvertrauen gewinnen, um Ihnen weit mehr zu vertrauen, als sie anderen vertrauen würden. Vielleicht bringen Sie sie sogar dazu, zu enthüllen, wie wenig sie über den Rest der Welt denken, und das ist eine riesige rote Fahne, dass sie Narzissten sind - selbst die hasserfülltesten Menschen haben mindestens eine Person, die sie mögen oder bewundern; der Narzisst hat keine.

Verwenden Sie niemals das Wort "Narzisst". Machen Sie sich klar, dass ein Narzisst sich selbst am meisten hasst und es ihm völlig an Mut oder Kraft fehlt, sich mit dem auseinanderzusetzen, was er ist. Die Verwendung psychologischer Begriffe wird nicht nur narzisstische Wut in dem Narzissten auslösen, sondern Ihre Worte werden unweigerlich als verbale Waffen gegen Sie eingesetzt werden. Wenn Sie Narzissmus erforschen, um Ihre Beziehung zu einem Narzissten besser zu verstehen, dann halten Sie Ihre Forschung auf jeden Fall geheim. Sonst werden Sie in ein paar Tagen oder Wochen feststellen, dass man Sie als Narzisst bezeichnet.

Kapitel 7: Die verschiedenen Typen von Narzissten

Ein Spektrum des Narzissmus

In der modernen Medizin und Psychologie setzt sich immer mehr die Erkenntnis durch, dass das menschliche Gehirn viel zu komplex ist, um in eine einzige Kategorie eingeordnet zu werden, sei es in Bezug auf Menschen auf dem Autismus-Spektrum, Menschen mit Aufmerksamkeitsdefiziten oder Menschen mit besonderen Herausforderungen wie Lernbehinderungen wie Legasthenie oder sogar Farbenblindheit. All dies hindert einen Menschen natürlich nicht daran, ein glückliches, erfülltes Leben zu führen. Tatsächlich ermöglichen es einige, wie das Autismus-Spektrum, der Person, das Leben aus einem einzigartigen Blickwinkel zu sehen, was für bestimmte Personen einen Schub in kreativen Bereichen oder sogar im therapeutischen Umfeld bedeuten kann.

Das Spektrum des Narzissmus ist jedoch eine ganz andere Kategorie.

Klassische Narzissten

Die Bandbreite dieser Narzissten reicht vom machthungrigen Workaholic bis zum Exhibitionisten. Sie sind in der Regel sehr erfolgreich im Leben, haben aber keine gesunden Beziehungen. Sie können sich nur dann gut fühlen, wenn sie im Rampenlicht stehen, ihre Leistungen zur Schau stellen und dafür sorgen, dass niemand ihren Platz auf dem Sockel des Lebens in Frage stellt.

Zerbrechliche oder introvertierte Narzissten

Das sind verschlossene Leute, die tief im Inneren glauben, dass sie wirklich besser sind als alle anderen, die es aber absolut verachten, im Mittelpunkt der Aufmerksamkeit oder im Rampenlicht zu stehen. Sie können parasitärer Natur sein, indem sie diejenigen in den Schatten stellen, deren Aufmerksamkeit oder Errungenschaften sie gerne für sich hätten.

Extreme oder "bösartige" Narzissten

Der wissensbasierte Narzisst

Diese Art von Narzissten kann, wenn richtig gehandhabt, praktisch harmlos sein. Sie neigen dazu, sich ein großes Wissen in verschiedenen spezifischen Bereichen angeeignet zu haben, und sie können begeisterte Sammler von Trivialitäten sein. Sie genießen es, sich selbst sprechen zu hören, und haben keinerlei Interesse an Ihrer Meinung oder Ihrem Feedback zu dem Thema, über das sie pontifizieren. Solange Sie so tun, als würden Sie zuhören, werden Sie von dieser Art von Narzissten nicht direkt herausgefordert, lassen Sie sich nur nicht auf eine Debatte mit ihnen ein.

Der leistungsorientierte Narzisst

Dieser Narzisst kann recht charmant sein, und Sie werden vielleicht feststellen, dass Sie ihre verschiedenen Errungenschaften bewundern (was ein Teil dessen ist, was die Menschen in sein Netz zieht). Er kann extrem ehrgeizig sein, und es kann sehr wohl tatsächlich Punkte des Stolzes geben, die mit seiner Prahlerei einhergehen. Vielleicht denken Sie beim ersten Treffen, dass dies eine großartige Person ist, mit der Sie sich vernetzen können, aber denken Sie daran, dass Sie nur auf diesem

Planeten sind, um ihm zu dienen, nicht umgekehrt. In dem Moment, in dem Sie nicht mehr für ihn da sind, wird er Sie ausrangieren.

Der auf Verführung basierende Narzisst

Dieser Narzisst setzt jegliches Gefühl der Bedürftigkeit oder des geringen Selbstwertgefühls außer Kraft und überflutet diese Person mit Schmeicheleien, Lob und sogar Flirt. Diese Narzisstin wird es so aussehen lassen, als hätte sie Sie auf ein Podest gestellt und würde alles tun, um wie Sie zu sein, aber das ist natürlich eine List. Sie wird unweigerlich den Spieß umdrehen, und ihr Ziel ist es, dass Sie ihr bewundernder Fan werden, nicht umgekehrt.

Der grausame Narzisst

Dieser Narzisst macht sich einen Spaß aus Sadismus. Um sich selbst das Gefühl zu geben, besser als alle anderen zu sein, macht er seine Zielperson mit grausamen Bemerkungen, einer gehäuften Dosis Sarkasmus und sogar mit gemeinen Scherzen zum Gespött des Büros oder der Familie. Er wird seine Bedürfnisse ausdrücken, indem er Ihnen droht. Er ist das Gegenteil von charmant. Wenn Sie mit jemandem wie ihm arbeiten, gehen Sie am besten völlig neutral mit ihm um, im festen Glauben an sich selbst und daran, dass Sie keine missbräuchliche Behandlung verdienen. Jede direkte Anfechtung wird die Dinge nur eskalieren lassen und nicht zu Ihren Gunsten.

Der auf Rache basierende Narzisst

Dieser Narzisst kann sehr lange, möglicherweise für immer, einen Groll hegen. Wenn Sie einmal mit dieser Person verheiratet waren, werden Sie vielleicht feststellen, dass sie versucht hat, Ihre Kinder oder Ihre Familie gegen Sie aufzubringen. Sie werden das Opfer spielen, um Sie wie ein Monster aussehen zu lassen. Wenn sich Ihre Wege bei der Arbeit kreuzten, wird der auf Rache basierende Narzisst versuchen, dafür zu sorgen, dass Sie die Beförderung verlieren, gefeuert werden oder sogar der sexuellen Belästigung beschuldigt werden. Ihr Ego ist so zerbrechlich und ihre Rachsucht so groß, dass sich ihr Leben ausschließlich um Komplotte dreht, um ihre Opfer völlig unglücklich zu machen.

Wenn sich Ihre Wege mit diesem sehr gefährlichen Narzissten gekreuzt haben, bewahren Sie eine Spur von Beweismaterial oder E-Mails auf - alles, was anderen beweisen kann, aus welchem wirklich bösen Stoff sie gemacht sind. Möglicherweise müssen Sie eine einstweilige Verfügung gegen sie erwirken.

Verdeckte vs. Offene, Zerebrale vs. Somatische

Als allgemeine Faustregel gilt hier, dass klassische Narzissten in ihrem Verhalten offen auftreten und zerbrechliche Narzissten immer den verdeckten Weg gehen werden. Extreme Narzissten werden beide Arten von Taktiken anwenden, um das zu bekommen, was sie wollen und brauchen.

Der Subtyp des zerebralen Narzissten lässt sie sich in erster Linie auf das konzentrieren, was sie wissen. Sie kümmern sich weniger um die körperliche Erscheinung und neigen dazu, auf diejenigen herabzublicken, die sich um solche oberflächlichen Dinge kümmern. Der somatische Narzisst hingegen wird von wenig anderem besessen sein. Sie werden ewig der Jugend hinterher jagen, sei es durch plastische Chirurgie, endlose Diäten oder ein strenges Fitnessprogramm, ohne einen Tag zu verpassen. Sie werden andere, die weniger auf ihr Aussehen achten, ziemlich hart beurteilen.

Was alle Narzissten gemeinsam haben, ist das Gefühl, nie vollständig gewürdigt oder verstanden zu werden. Sie leben ihr Leben in einem ständigen Zustand des Wunsches, dass endlich jemand sehen könnte, wie großartig sie sind. Ein Narzisst fühlt sich oft selbst wie ein Opfer. Er wird alle anderen für seine Fehler verantwortlich machen, nur sich selbst nicht.

Viele Narzissten werden nicht zweimal darüber nachdenken, ihre Kunden zu betrügen oder das Unternehmen, für das sie arbeiten, zu bestehlen. Welche Mittel sie auch immer einsetzen müssen, um ihre Ziele zu erreichen, sie nutzen sie. Narzissten sind keine Geber, alles, was sie geben, ist an eine Bedingung geknüpft. Sie sind Meister der Illusion, und es braucht ein gutes, aufmerksames Ohr und ein wachsames Auge, um sie in einem Meer von ansonsten unvollkommener Menschlichkeit aufzuspüren.

Eine neuere Unterform des Narzissmus wird schließlich der gemeindebasierte Narzisst genannt. Sie werden diese Person oft in sozialen Medien sehen, weil das in der heutigen Zeit das beste Forum für sie ist. Sie wird ständig davon berichten, was sie in der Welt Gutes tut, wie aktiv sie ist und wie perfekt ihr Auftreten ist, wie gut inszenierte Fotos belegen. Sie wird denken, sie sei besser als alle anderen, weil sie all ihre Aufgaben erfüllt und wie viel ihrer Zeit sie für andere spendet, und ihr Ego hängt davon ab, wie viel sie an den Beiträgen ihrer Social-Media-Konten mag, teilt oder kommentiert.

Kapitel 8: Narzissmus in Familien

In einer narzisstischen Familienstruktur aufzuwachsen kann dem Leben in einem Spukhaus ähneln. Man spürt, dass etwas nicht stimmt, sieht aber nie die Wahrheit hinter dem Schatten. Kinder, die mit Narzissmus aufwachsen, spüren die ganze Zeit ein unterschwelliges Gefühl von Wut und Untergang. Sie lernen jedoch, nicht auf ihre Ängste aufmerksam zu machen, denn solche Fragen zu stellen, wird als dasselbe angesehen wie zu kritisieren, und ein narzisstischer Elternteil darf nie das Gefühl haben, kritisiert zu werden.

Das unausgesprochene Regelwerk, das von einem oder mehreren narzisstischen Elternteil(en) von oben herab gebracht wird (manche Narzissten verlieben sich nur in andere Narzissten), wird von den Kindern, die mit ihnen aufwachsen, vielleicht nie ganz verstanden werden, aber Kinder lernen, diese Regeln buchstabengetreu zu befolgen. Kinder, die in einem narzisstischen Haushalt überleben, sprechen oft von intensiver, unausgesprochener Wut und Verlassenheit, tief verwurzeltem Schmerz und einem Gefühl des Verrats, aber sie können nicht mit dem Finger auf die Ursache für eines dieser Gefühle zeigen. Sie wissen nur, dass sie sie schon immer gehabt haben. Oft geben sie sich sogar selbst die Schuld dafür und dafür, dass sie nicht gut genug oder nicht respekt- und liebeswürdig sind.

Kinder von Narzissten müssen vor dem Rest der Welt ein Geheimnis bewahren, vielleicht sogar vor ihren engsten Freunden oder erweiterten Familienmitgliedern. Die Geheimnisse, die sie möglicherweise haben, bestehen darin, dass sie emotional nicht wirklich umsorgt werden und dass sie möglicherweise in irgendeiner Weise missbraucht werden. Sie lernen, immer das perfekte Lächeln auf ihr Gesicht zu zaubern, um die Wahrheit zu verbergen.

Kinder werden vielleicht auch mit dem toxischem Glauben gefüttert, dass sie und der Rest der Familie besser sind als alle anderen - besser als die Nachbarn, besser als die Familien ihrer Freunde, besser als die anderen Kinder in der Schule, besser sogar als der Rest der Großfamilie. Gleichzeitig erhalten diese Kinder vielleicht die gesprochene (oder unausgesprochene) Botschaft, dass sie selbst nicht gut genug sind, nicht körperlich hübsch oder gut aussehend genug, nicht klug genug, nicht fähig genug, denn für einen Narzissten sind Kinder sowohl Konkurrenz als auch Diener des Narzissten.

Eine rückständige Familie. In einer narzisstischen Familie kümmern sich die Eltern nicht um die Kinder, sondern die Kinder kümmern sich um die Eltern, indem ihnen befohlen wird, unerschütterliche Unterstützung zu zeigen, endlos Liebe und Zuneigung zu zeigen und möglicherweise sogar Hausarbeiten zu verrichten, die über das hinausgehen, was von einem normalen Kind verlangt werden sollte, da die Erledigung niederer Aufgaben dem Narzissten die Zeit nehmen kann, seine eigenen Ziele zu verfolgen.

Triangulation. Dies ist eine besonders grausame Form der Kommunikation, bei der ein Familienmitglied einem anderen Familienmitglied Informationen oder eine Nachricht nicht direkt, sondern über ein drittes Familienmitglied zukommen lässt. "Sag deinem Vater, er ist ein Stück Dreck." „Sage deiner Schwester, wenn sie weiterhin so isst, werden die Leute sie fett nennen".

Wenn ein Narzisst sich von dieser passiv-aggressiven Kommunikationsform abwendet, dann deshalb, weil er sich in einer Wut befindet - eine direkte Kommunikation ist oft nur für besondere Anlässe reserviert, z.B. wenn eines der Kinder oder der Ehepartner eines Narzissten sich gegen die Behandlung durch den Narzissten wehrt oder etwas sagt oder tut, das der Narzisst für einen direkten Angriff hält.

Kapitel 9: Missbrauchscheckliste

Da die Verbindung zu einem Narzissten langsam Ihre Wahrnehmungsfähigkeiten schwächt, kann es schwierig sein, einen Schritt zurückzutreten und festzustellen, ob Sie tatsächlich ein Opfer von Missbrauch sind. Diese Liste wird Ihnen helfen, alle Symptome oder Reaktionen zu erkennen, die als rote Fahnen des Missbrauchs durch einen Narzissten zu erkennen sind.

Sie werden häufiger krank und fühlen sich heruntergekommen. Emotionaler und psychologischer Missbrauch ist nicht nur ein ständiger Angriff auf das Gehirn, sondern auch auf den Körper. Stress und Bedrängnis lösen die Ausschüttung des Hormons Cortisol aus, das wiederum Müdigkeit, Gewichtszunahme oder - abnahme, Depressionen und Gefühle der Hoffnungslosigkeit fördert. Ein Überschuss an Cortisol im Körper kann eine vorzeitige Alterung auslösen. Darüber hinaus kann sich konstanter, rund um die Uhr auftretender Stress negativ auf den Schlafzyklus auswirken. Wenn bei Ihnen eines dieser Symptome auftritt, könnte es daran liegen, dass Sie sich in einer toxischen Beziehung befinden.

Ihnen fehlt das Vertrauen, das Sie früher hatten. Tatsächlich stellen Sie fest, dass Sie die ganze Zeit auf Eierschalen laufen. Anstatt sofort eine Neuigkeit, ein Ereignis aus Ihrem Tag, einen kreativen Gedanken oder einen lustigen Witz, den Sie gehört haben, mitzuteilen, zensieren Sie sich selbst, machen dicht und schweigen aus Angst, dass Sie ausgeschlossen, kritisiert oder für eine wahrgenommene Kränkung bestraft werden.

Ihre Grenzen sind vielleicht auch so gut wie verschwunden. Wo Sie früher klare Linien hatten, die Sie lieber nicht überschritten hätten, werden sie jetzt nur noch in den Sand gezogen, und Ihr Partner läuft über sie hinweg.

Diese neuen Gewohnheiten können nun auch über Ihre Beziehung hinausgehen. Vielleicht stellen Sie fest, dass Sie bei der Arbeit auch nachgiebiger sind, dass Sie weniger Ehrgeiz, Antrieb und Stimme haben, um sich zu äußern, wenn Ihr Chef oder Ihre Kollegen Sie herumschubsen oder Ihre Bemühungen übersehen.

Ihre grundlegenden Wünsche und Bedürfnisse scheinen verschwunden zu sein. Sagen wir, dass Ihre Morgenroutine früher darin bestand, Kaffee zu kochen, die Zeitung oder die Nachrichten am Telefon zu lesen, vor dem Duschen mit dem Hund spazieren zu gehen oder mit ihm zu laufen und sich für die Arbeit anzuziehen. Jetzt stehen Sie jedoch früh auf, um ein reichhaltiges Frühstück zu machen und Ihren Partner im Bett zu bedienen. Vielleicht müssen Sie wegen einer Kleinigkeit, die Ihr Partner als lebenswichtig empfunden hat, in letzter Minute zum Laden laufen. Sie sind zu spät zur Arbeit oder zur Schule gekommen, obwohl Sie vorher immer pünktlich waren. Sie kommen ins Büro und stellen fest, dass Sie noch nicht einmal gefrühstückt oder Kaffee getrunken haben, und Sie können sich nicht daran erinnern, wann Sie sich das letzte Mal Zeit für ein Training genommen haben.

Die Teile von Ihnen, die "Sie" sind, verschwinden einfach vor Ihren Augen. Es gibt kein "Sie" mehr - es gibt nur noch einen Helfer, Diener oder persönlichen Assistenten Ihres Partners, und Ihre Tage und Nächte vergehen wie im Flug, völlig aufgezehrt von den Aufgaben, die Ihr Partner vor Sie stellt.

Das Leben ist zu einer Reihe von Notfällen und Zusammenbrüchen geworden. Sie und Ihr Partner haben einen Ausflug in eine nahe gelegene Stadt geplant, um die Outlet-Märkte und Restaurants zu besuchen. Sie reservierten ein Hotel, und die Fahrt in die Stadt war angenehm. Sie fuhren an mehreren Raststätten vorbei und hielten an einer an, um auf die Toilette zu gehen, aber Ihr Partner erwähnte nie, dass er hungrig war oder gebeten wurde, für Essen anzuhalten.

Jetzt sind Sie im Hotelzimmer, und Ihr Partner schweigt. Sie wissen, dass etwas Schlimmes passieren wird. Wenn Sie fragen, was Ihr Partner zum Abendessen essen möchte, schweigen Sie noch mehr. Zwei Stunden sind vergangen, und selbst Sie fühlen sich, als ob Sie verhungern würden. Ihr Partner beginnt zu weinen oder schließt sich im Badezimmer ein oder schaltet den Fernseher ein und ignoriert Sie völlig. Wenn Sie fragen "Was ist hier los?", hören Sie vielleicht eine Antwort wie "Sie wissen, was hier los ist", wenn Sie überhaupt etwas hören. Ihr perfekter Mini-Urlaub hat sich in einen weiteren Alptraum verwandelt.

Man kann nie sagen, wann der nächste Notfall eintritt, das weiß nur der Narzisst. Egal, wie aufmerksam Sie versuchen, zu sein, wie gut Sie zu planen versuchen, etwas wird schief gehen, und wenn es passiert, wird es Ihre Schuld sein.

Manchmal sind es nur Sie selbst, die ins Visier genommen werden. Vielleicht brauchten Sie Ihren Partner oder Ihre Partnerin, um etwas lebenswichtiges zu tun, z.B. Papierkram an einem Tag abzugeben, an dem Sie das Büro nicht verlassen konnten, oder Ihr Kind von der Schule abzuholen, als die Krankenschwester anrief und Ihnen mitteilte, dass es krank sei. Der Narzisst wird diese Momente als perfekte Gelegenheiten nutzen, um Ihre Welt zu erschüttern, und nicht auf eine gute Art und Weise. Sie wollen Sie so oft wie möglich am Boden zerstört sehen, besonders wenn Sie versucht haben, sich nach ihren Angriffen über Wasser zu halten.

Hypervigilanz. Diese Reaktion dauert auch noch an, nachdem es dem Opfer gelungen ist, ihren narzisstischen Missbraucher zu verlassen. Sie warten ständig darauf, dass das Auto Ihres Partners in die Einfahrt fährt, oder Sie schleichen auf Zehenspitzen durch die Wohnung und versuchen, Ihren Partner morgens nicht zu wecken. Sie horchen in jedem Raum, in dem sich Ihr Partner befindet, insbesondere wenn Sie Kinder haben und diese im selben Raum sind. Sie hören auf Veränderungen im Tonfall Ihres Partners, die den nächsten Streit signalisieren könnten. Oder Sie überprüfen ständig Ihr Telefon und Ihre E-Mails, um zu sehen, ob Sie eine kryptische Nachricht von Ihrem Partner erhalten haben - das passiert auch, nachdem Sie sie verlassen haben, denn Narzissten kehren gerne zurück, um ihre Verflossenen zurückzuholen, wenn sie in ihrem Leben nicht genug Nachschub haben.

Sie denken darüber nach, sich selbst zu schaden. Vielleicht haben Sie insgeheim einen Countdown bis zu dem Tag begonnen, an dem Sie Ihr Leben beenden werden. Oder vielleicht bleiben Sie spät in der Nacht, wenn Ihr Partner schläft, im Badezimmer hinter einer verschlossenen Tür und schaden sich selbst. Vielleicht fahren Sie mit dem Auto zur Arbeit und stellen sich vor, in den Autobahnmittelweg zu fahren. All das erschreckt Sie, aber die Gedanken kommen Ihnen immer wieder. Sie sehen keinen Ausweg.

Sie ziehen sich von allen anderen zurück, nur nicht von Ihrem Partner. Vielleicht schämen Sie sich für die Situation, in die Sie sich gebracht haben, so dass Sie aufgehört haben, mit Freunden zu teilen, was in Ihrem Leben vor sich geht. Ihr Partner hat Ihnen zu oft eine Gegenreaktion gegeben, weil Sie ohne sie ausgegangen sind, aber entweder will er nie als Paar ausgehen oder er will nie mit Ihnen und Ihren Freunden ausgehen - oder, wenn Sie als

Gruppe ausgehen, ist Ihr Partner so unhöflich zu Ihren Freunden, dass Sie sich wünschen, Sie wären gar nicht erst ausgegangen. Also bleiben Sie Nacht für Nacht zu Hause und verlieren sich in dem Strudel, der die erstickende Dynamik zwischen Ihnen und dem Partner, der Ihr Leben bestimmt, darstellt.

Selbstsabotage. Sie sind nicht nur am Arbeitsplatz passiver und ängstlicher, sondern in allen Lebensbereichen haben Sie aufgehört, ein Draufgänger zu sein. Projekte, die Sie mit Begeisterung begonnen haben, verstauben. Routinen, die Sie begonnen haben, um sich zu verbessern: Training, Therapie, Yoga, Gartenarbeit - all das bleibt auf der Strecke, weil Sie sich von Tag zu Tag weniger sicher, ausgelaugt und verwirrt fühlen, in welche Richtung Sie gehen sollen. Vielleicht lassen Sie Fristen an sich vorbeiziehen, in der Überzeugung, dass Sie ungeachtet Ihrer anfänglichen Hoffnungen und Träume keine Aussicht auf Erfolg hatten.

Distanzierung. Sie stellen fest, dass Sie sich in Zeiten extremen Stresses "abschalten" und Zeit verloren haben oder sich nicht mehr an die genauen Einzelheiten einer Situation erinnern können.

Sie beginnen sich zu fragen, ob Sie der Misshandelnde sind. Das ist vielleicht die heimtückischste Wirkung, die ein Narzisst auf seinen Partner hat - er überzeugt mit der Zeit und durch Methoden wie Projektion, Gaslicht, Umleitung und Ausfrieren tatsächlich davon, dass er der Narzisst oder die psychisch kranke Person ist. Man beginnt, jede Bewegung und jedes Wort in Frage zu stellen und fragt sich, ob man überhaupt Einfühlungsvermögen hat. Vielleicht kümmern Sie sich nur um sich selbst. Aber wenn das so ist, warum sollten Sie dann hier sein und Ihrem Partner dienen? Vielleicht hat Ihr Partner bereits versucht, Sie davon zu überzeugen, dass Sie ihm nicht dienen, sondern ihn quälen, ihn festhalten. Diese verheerende Selbstzerstörung ist es oft, die die Opfer jahrelang, jahrzehntelang oder lebenslang bei ihren misshandelnden Partnern hält.

Die Wahrheit, zu deren Entdeckung Sie den Mut haben müssen, ist, dass kein Teil dieses Missbrauchs Ihre Schuld war. Nichts davon. Die Kraft, das zu erkennen und die Genesung zu Ende zu führen, ist enorm, aber wenn Sie bis hierher überlebt haben, sind Sie stark genug, um die Flucht zu überleben, und stark genug, um eines Tages mit der Heilung zu beginnen.

Kapitel 10: Wie Sie Ihr Leben in die Hand nehmen

Das Schwierigste daran, sich von narzisstischem Missbrauch zu erholen, ist die tatsächliche Distanzierung vom Narzissten. Ihr narzisstischer Partner wird Himmel und Erde in Bewegung setzen, um zu versuchen, Sie daran zu hindern, sich zu entfernen, und zwar auf jede erdenkliche unfreundliche Weise, einschließlich Drohungen, Verleumdung, Zerstörung von Eigentum und komplizierten Rechtsstreitigkeiten. Manchmal mag es einfacher erscheinen, einfach aufzugeben und in dem Missbrauch zu bleiben, aber Sie dürfen nicht aufgeben - eine glücklichere Zukunft ist möglich, auch wenn der vor Ihnen liegende Weg holprig sein wird.

Mit einem zerbrochenen Glaubenssystem zurecht kommen

Es gibt viele Dinge, die Sie durcharbeiten und akzeptieren müssen, nachdem Sie erkannt haben, dass Ihr Partner ein Narzisst ist und sich entschieden haben, auf die Unabhängigkeit von der Beziehung hinzuarbeiten. Zuerst werden Sie das verarbeiten müssen, wo Sie einst an die Güte der Menschheit glaubten, jetzt stellen Sie diesen Glauben in Frage und fragen sich, wie Sie jemals wieder jemandem vertrauen können, nachdem Sie gesehen haben, wie das wahre Böse aussieht.

Darüber hinaus werden Sie voranschreiten, ohne eine einzige glückliche Erinnerung, an der Sie sich aus sentimentalen Gründen festhalten können. Es wird schmerzhaft sein, sich an alles zu erinnern, was in der Vergangenheit dieser Beziehung geschehen ist. Das ist nicht leicht, denn selbst in schwierigen Beziehungen gibt es normalerweise gute Zeiten, an denen man sich festhalten und sagen kann: "Nun, zumindest haben wir es versucht. Sie und der Narzisst haben es beide versucht, aber zu unterschiedlichen Zwecken: Der Narzisst hat versucht, Sie zu unterdrücken, und Sie haben einfach versucht, zu überleben.

Schritte, die zu unternehmen sind, bevor die Genesung beginnen kann

Bevor Sie überhaupt bereit sind, mit der Heilung zu beginnen, müssen Sie eine bestimmte Geisteshaltung gewinnen, um auf den Heilungsprozess selbst zuzugehen. Diese Denkweise beinhaltet einige sehr schmerzhafte Lektionen, darunter die Erkenntnis und Akzeptanz, dass nichts an Ihrer Beziehung zum Narzissten das war, was es zu sein schien. Es kann verheerend sein, das zu akzeptieren. Vielleicht fühlen Sie sich bis ins Mark erschüttert, ja sogar schockiert, um den Begriff zu verwenden, den Veteranen, die an PTSD leiden, gemeinhin verwenden. Tägliche und nächtliche Anfälle unsinnigen, ständigen und verheerenden Missbrauchs und reaktionärer Wut können den stärksten Menschen nivellieren.

Sobald man erkennt, dass alles eine Lüge war, kann die nächste Phase der Genesung noch anstrengender sein. Sie werden anfangen, entweder allein durch Rückblick und Selbstverwirklichung oder mit Hilfe eines Therapeuten all die roten Fahnen zu sehen, die Sie entweder übersehen oder ignoriert haben, und zwar während der gesamten weiteren Beziehung. An diesem Punkt könnten Sie anfangen, an Ihrer eigenen Intelligenz oder Scharfsinnigkeit zu zweifeln, aber das sollten Sie nicht tun. Ein Opfer zu beschuldigen ist falsch, selbst wenn - oder gerade wenn - das Opfer Sie selbst sind.

Nachdem die Gefühle der Trauer über den Verlust Ihrer eigenen Macht etwas abgeklungen sind, könnten Sie anfangen, Wut, ja sogar Zorn darüber zu empfinden, dass man Sie zum Narren gehalten hat. Vielleicht stellen Sie fest, dass Sie wütend auf sich selbst sind, weil Sie an Ihrer eigenen Zerstörung durch die Entwürfe des Narzissten teilgenommen haben. Nachdenken - über vergangene Ereignisse nachzudenken und die negativen Aspekte in ihnen zu finden - ist wahrscheinlich das, was jetzt passieren wird, immer und immer wieder, und das Wiedererleben dieser dunklen emotionalen Momente kann für Sie selbst schwierig sein. Ein Therapeut kann Ihnen am besten helfen, diese inneren Stürme zu überstehen, die Sie bewältigen müssen, um auf dem Weg zur Heilung voranzuschreiten.

Versuchen Sie zu vermeiden, innere Dialoge zu führen, wie: "Nur ein Idiot würde darauf hereinfallen", oder "Es muss etwas mit mir nicht stimmen, dass ich dies zugelassen habe". Obwohl es für Sie verständlich ist, dass Sie diese Dinge von sich selbst denken, sind diese Gedanken nicht hilfreich, und sie werden Sie von jeder Art von Heilung und Genesung ausschließen.

Andererseits ist es völlig gesund und in Ihrem Recht, Ihre vergangenen Handlungen und Entscheidungen zu überprüfen und sich der Fehler bewusst zu werden, die Sie gemacht haben, wie z.B. zu bleiben, wenn Sie daran dachten, zu gehen, oder Ihrem narzisstischen Partner missbräuchliche Handlungen und Worte zu verzeihen. Indem Sie diese Fehler anerkennen, können Sie vermeiden, sie in Zukunft erneut zu machen. Sie müssen sich selbst sagen: "Nie wieder".

Wieder lernen, sich selbst mächtig zu werden

Für eine Weile - vielleicht sogar für eine lange Zeit - nachdem Sie eine toxische Beziehung mit einem Narzissten beendet haben, gehen Sie vielleicht mit Autopilot durch den Tag, erledigen Aufgaben und erledigen Dinge, aber Sie treffen nie wirklich irgendwelche Entscheidungen, kommen nie mit einem Gefühl der Zielstrebigkeit voran. Das liegt daran, dass Sie so viel Zeit ohne Ihre Kraft verbracht haben; niemand, der sich in einer ständigen Verteidigungsposition befindet, ist in der Lage, proaktiv zu handeln. Wenn Sie erkennen, dass Sie jetzt wie ein Roboter durchs Leben gehen, können Sie damit beginnen, Schritte zu unternehmen, um Ihre frühere Stärke und Entschlossenheit wiederzuerlangen. Machen Sie eine Liste mit kleinen, einfachen Dingen, die Sie in einer Woche oder in einem Monat erledigen möchten. Gehen Sie in Ihrem eigenen Tempo. Machen Sie sich keine Vorwürfe, wie lange Sie dafür brauchen. Sie befinden sich jetzt im Training oder besser gesagt in der Rehabilitation. Sie lernen wieder, wie man ein zielstrebiger, vitaler, starker Mensch wird.

Im Moment ist es Ihre eigene Willenskraft, die Sie durch die Dunkelheit auf die andere Seite ziehen wird, auf die andere Seite, zum Glück zurück. Das ist das Einzige, was Sie haben, abgesehen von Freunden und Familie und einem Therapeuten. Leider können selbst die Menschen, die Sie am meisten unterstützen, nicht in Ihrem eigenen Kopf sein und Sie vor den falschen und verletzenden Worten schützen, die der Narzisst dort hinterlassen hat, wie Geister. Nur Sie können den täglichen Kampf gegen diese schmerzhaften Echos führen. Glauben Sie, dass diese Echos mit der Zeit leiser werden und Ihre innere Landschaft wieder zu einem Zufluchtsort wird.

Losgelöste Analyse

Wenn Sie vergangene Ereignisse, Gespräche und Gefühle Revue passieren lassen, ist die gesündeste Methode für Sie die so genannte "distanzierte" oder "kühle" Analyse. Das bedeutet, dass Sie die Gefühle, die Sie in diesen Momenten gefühlt haben, nicht noch einmal erleben, sondern dass Sie sich nur an diese Momente erinnern und sie aus der Ferne beobachten, als ob sie jemand anderem, nicht Ihnen, widerfahren wären. Das braucht Zeit und Übung, aber wenn Sie diese Ereignisse auf neutrale, objektive Art und Weise durchgehen, können Sie das Lernen daraus ziehen, das Sie brauchen, ohne die Last der schwierigen Emotionen zu tragen, die einmal mit ihnen verbunden waren.

Viele Menschen benutzen persönliche Tagebücher, um schwierige Ereignisse zu verarbeiten, aber im Fall von narzisstischem Missbrauch kann das Schreiben tatsächlich diese alten, schmerzhaften Emotionen aufwecken und Sie in Perioden schicken, in denen Sie den Missbrauch noch einmal durchleben und die Emotionen noch einmal erleben. Sprechen Sie mit Ihrem Therapeuten oder Ihrer Therapeutin, um herauszufinden, wie Sie die Geschichten am besten wieder erzählen können, ohne den Schmerz noch einmal zu erleben, falls Sie das brauchen.

Der Rest der Welt ist kein Narzisst

Nachdem Sie den atemberaubenden Verrat und die Trauer erlitten haben, die mit dem Weggehen von den Nachwirkungen einer missbrauchenden Beziehung mit einem Narzissten verbunden sind, sollten Sie sich auf sich selbst konzentrieren, wieder lernen, wer Sie eigentlich sind, und sich daran erinnern, wie Sie die grundlegenden, menschlichen Dinge tun können, von denen Sie überzeugt waren, bevor Sie in die Welt des Narzissten hinaufgefegt wurden.

Wenn diese anfängliche Phase jedoch vorbei ist, können Sie anfangen, Ihren Blick auf den Rest der Welt zu richten. Natürlich ist es keine gute Idee, sich in neue Beziehungen zu stürzen, aber noch wichtiger ist, dass Sie nicht glauben sollten, dass alle anderen, denen Sie begegnen, ebenfalls Narzissten sind, nur weil Sie von einem Narzissten verletzt wurden.

Jetzt, da Sie wissen, worauf Sie achten müssen, können Sie sofort rote Flaggen sehen und sich daran erinnern, dass die ersten 7 Begegnungen mit einem Narzissten in der Regel sehr angenehm sein werden. Sobald Sie Anzeichen für mangelndes Einfühlungsvermögen, mangelnde Zuhörfähigkeiten und Anzeichen von grandiosem Selbstvertrauen oder Arroganz erkennen, können Sie sich geschickt aus einer anderen potenziell missbräuchlichen Situation heraus manövrieren. Der Schlüssel dazu ist, aufmerksam zu sein. Wenn jemand einen schlechten Tag hat und sich nicht auf den Beitrag eines anderen konzentrieren kann (vorübergehend, vielleicht hat sein Baby ihn die ganze Nacht wachgehalten oder er hat eine Woche lang Doppelschichten gearbeitet), bedeutet das nicht, dass er narzisstisch ist. Nutzen Sie das wichtige Wissen, das Sie aus erster Hand gelernt haben, um besser bestimmen zu können, wer sicher ist und wer nicht.

Glauben Sie, dass Sie Mitgefühl verdienen

Dies ist einer der Momente, in denen es sich als nützlich erweisen kann, "vorzutäuschen", bis man "es schafft". Sie müssen die Wende zur Selbstkritik vollziehen und anfangen, Selbstmitleid zu üben. Selbst wenn Sie anfangs nicht glauben, dass Sie des Mitgefühls würdig sind, wenn Ihr innerer Monolog mit solchen Dingen gefüllt ist, dass es in Ordnung ist, dass Sie ein guter Mensch sind oder dass Sie Güte verdienen, wird dies irgendwann zur Routine werden, und statt sich wie ein Hochstapler zu fühlen, der Zeilen aus einem Drehbuch vorliest, werden Sie die Worte, die Sie wiederholen, als Wahrheit glauben.

Verstehen Sie, dass das, was Ihnen passiert ist, jedem passieren kann. Sie sind nicht einzigartig in Ihren Fehlern oder der Tatsache, dass Sie von einem Narzissten getäuscht wurden. Einige der stärksten Menschen der Welt sind den gleichen Raubtieren zum Opfer gefallen und kommen auf der anderen Seite wieder heraus, um ein produktives, glückliches Leben zu führen. Das können Sie auch.

Ein mächtiges Werkzeug in der postnarzisstischen Heilung sind Meditation und Achtsamkeit. Meditation wird oft schlecht geredet, weil sie zu kompliziert ist, zu sehr New Age ist, religiöse Zugehörigkeit hat und etwas ist, das Menschen mit viel mehr Zeit in Anspruch nehmen können, nicht der Alltagsmensch. Das alles könnte nicht weiter von der Wahrheit entfernt sein. Meditation ist nahezu universell und basiert auf ungeheuer einfachen Ideen. Wenn man sich jeden Tag ein wenig Zeit nimmt, um in guter Haltung zu sitzen, tief zu atmen und losgelöst zu denken, kann man Stress im Gehirn und im Körper abbauen, die Lebenserwartung verlängern, Depressionen und Ängste bekämpfen und mit der Zeit sogar die kognitiven Funktionen verbessern. Das ist alles, was es dazu zu sagen gibt.

Ein Meditierender wird unter anderem etwas tun, das "losgelöstes Denken" genannt wird. Die Gedanken werden in den Raum des Geistes eindringen, das ist selbst bei einem erfahrenen Meditierenden unvermeidlich. Anstatt sich jedoch während der Meditation von diesem eindringenden Gedanken zu einer gründlichen Diskussion oder Untersuchung hinreißen zu lassen, markiert man diesen Gedanken einfach als das, was er ist, und lässt ihn einfach wegdriften. Eine Erinnerung an die Zeit, als wir ins Restaurant gingen, als sie einen Teller gegen die Wand warf, an die Nacht, als ich zu meiner Schwester fuhr und auf ihrer Couch schlief. Erkennen Sie die Gedanken und Erinnerungen, aber mehr nicht. Wie bei einem Kinderspiel auf einer Autofahrt, bei dem beschrieben wird, was das Kind sieht: Vogel, Baum, Zug, Haus, so markiert man einfach die Gedanken und lässt sie abfallen, in den ruhigen und ungebrochenen Zustand der Achtsamkeit.

Wenn völlige Losgelöstheit keine Option ist

Viele Überlebende einer narzisstischen Beziehung müssen leider wegen der Kinder mit ihrem Täter in Kontakt bleiben. Das ist vielleicht die grausamste Sache von allen, und Ihr narzisstischer Ex-Partner wird alles in seiner Macht Stehende versuchen, diese notwendige Beziehung zu nutzen, um Sie zu verletzen. Das Beste, was Sie für sich selbst und für die Kinder tun können, ist, sich nicht zu engagieren und keine Vergeltungsmaßnahmen zu ergreifen. Mit der Zeit werden andere die Wahrheit erkennen: dass es Ihrem Ex psychisch nicht gut geht und dass Sie nicht schuld sind an ihrem Unglück. Wenn Sie sich mit Ihrem Ex einlassen und weiterkämpfen, kann es jedoch für niemanden möglich sein, jemals zu bestimmen, wo Ihr Ex aufhört und Sie anfangen - Sie könnten beide instabil erscheinen. Und nicht nur das: Einen Narzissten zu konfrontieren ist wie Benzin auf ein Feuer zu werfen. Sie werden sich nur noch mehr Gegenreaktionen und Schmerz zufügen.

Eine der Reaktionsmethoden, die einen Narzissten am meisten zur Wut treibt, ist eine völlig emotionslose Reaktion. Das Schweigen ist eine verletzende Reaktion, und darum geht es hier nicht. Aber wenn Sie an der Reihe sind zu sprechen - sei es wegen einer E-Mail, die mit den Kindern zu tun hat, oder wegen eines Treffens mit Ihren Scheidungsanwälten - dann tun Sie das neutral, ohne verletzende Sprache oder anklagende Töne. Ihr Ex mag einen höheren Grad an Wut erreichen, aber Sie werden in der Lage sein, das zu überstehen, ohne dass Ihre Psyche oder Ihr Ruf Schaden nehmen.

Langsam und stetig (gewinnen Sie das Rennen)

Es mag viele Tage geben, an denen Sie sich wünschen, Sie könnten einfach in Ihr Auto springen und Tausende von Kilometern zwischen sich und Ihren ehemaligen Täter legen, aber selbst das würde nicht die Heilung bewirken, die Sie brauchen werden. Ihr Narzisst würde immer noch versuchen, Sie aufzuspüren, selbst wenn Sie sich von ihm oder ihr am anderen Ende der Welt entfernen würden.

Die Kämpfe, denen Sie sich stellen müssen, werden direkt vor Ihrer Nase stattfinden, aber auch in Ihrem Kopf und in Ihrem Herzen. Möglicherweise müssen Sie diese Kämpfe vor den Augen Ihres Täters austragen, wenn er mit Ihnen zusammenarbeitet. Wegen der Schwierigkeit, die dies mit sich bringt, müssen Sie die Dinge langsam angehen und Geduld mit sich selbst haben, damit mit der Zeit alles in Ordnung sein wird - es wird Ihnen gut gehen.

Scheuen Sie sich nicht, sich an Ihr vertrautes Unterstützungsnetz zu wenden, wenn Sie das Gefühl haben, einen Schritt zurück zu machen. Heilungsreisen sind nie vollkommene Steigungen; es gibt Gipfel und Täler entlang des Weges. Verlassen Sie sich auf niemanden, der Sie beschämt, weil Sie einen Monat, ein Jahr oder fünf Jahre später immer noch Schmerz und Verlust empfinden. Jeder Mensch trauert und heilt anders, und Emotionen sollten niemals Quellen der Scham sein.

Denken Sie darüber nach, was Sie in Ihrem Leben wollen, und überlegen Sie, wo Sie es heute, jetzt, finden können. Denken Sie an die Menschen, die diese Dinge verkörpern. Umgeben Sie sich mit so viel Positivität, sanfter Freundlichkeit, Vergebung und Mitgefühl, wie Sie können. Das sind die besten Seiten des Menschseins, und sie sind real, sie existieren, und sie sind keine Schwächen - die größten Helden der Welt praktizieren sie. Es gibt unzählige Zen-Sprüche darüber, wie sich ein sanft fließender Strom durch den höchsten, gewaltigsten Berg schlängeln kann, und wie der Baum, der sich im Wind biegen kann, nicht vom Wind gebrochen werden kann.

Der Beweis dafür ist, dass Sie hier sind, jetzt stehen, und dass Sie noch nicht gebrochen sind - noch nicht ganz. Sie haben die ständigen Stürme überstanden, um auf der anderen Seite herauszukommen, immer noch in der Hoffnung auf ein glückliches Leben. Beschweren Sie sich nicht, dass Sie diese Hoffnung haben. Das ist das größte Zeichen dafür, dass Sie in der Tat ein guter Mensch sind, und dass Sie stark genug sind, an sich selbst und an das Gute in der Welt zu glauben.

Sie sind ein Held, weil Sie diese Aspekte des Lebens gewählt und sich von Grausamkeit und Narzissmus abgewandt haben.

Schlussfolgerung

Danke, dass Sie es bis zum Ende von Narzissmus - Narzisstische Persönlichkeitsstörung verstehen - geschafft haben. Ich hoffe, dass es informativ war und Ihnen alle Werkzeuge an die Hand gegeben hat, die Sie brauchen, um sich vor Narzissmus zu schützen und sich von allen toxischen Situationen zu befreien, in denen Sie oder ein geliebter Mensch sich befinden könnten.

Ob Ihr Narzisst nun derjenige ist, der die Beziehung plötzlich abgebrochen hat, oder ob Sie sich entschieden haben, die notwendigen Schritte zu unternehmen, um sich zu befreien und mit der Heilung von emotionalem Missbrauch zu beginnen, das Wichtigste ist, jetzt Hilfe zu holen und mit dem Wiederaufbau Ihres Unterstützungsnetzes zu beginnen. Vielleicht haben Sie sich von allen, die Sie früher kannten, entfernt, weil Ihr toxischer Partner es systematisch unmöglich machte, enge Beziehungen zu jemand anderem als sich selbst aufrechtzuerhalten. Jetzt ist es an der Zeit, die Hand auszustrecken, den Menschen, denen Sie vertrauen (und die nicht auch mit dem Narzissten befreundet sind), zu erklären, was passiert ist, und den nötigen Vertrauensvorschuss zu geben, um zu glauben, dass sie Ihnen nicht die Schuld für Ihren Missbrauch geben werden. Die nächsten paar Momente können erschreckend sein, aber denken Sie daran - Sie waren stark genug, um das zu überleben, und Sie sind stark genug, um sich davon freizuhalten. Befähigen Sie sich nicht, zum Narzissten zurückzukehren, egal was passiert. Die Kein-Kontakt-Regel ist sehr wichtig, denn die meisten Narzissten werden versuchen, Sie mit den gleichen Methoden zurückzugewinnen, mit denen sie Sie von vornherein umworben haben: Charme, Schmeichelei, Aufmerksamkeit, Zuneigung, Fürsorge. Vergessen Sie nicht, dass dies alles nur Fassaden sind, gelernt durch das Beobachten gesunder Menschen, die einander Liebe ausdrücken, und dass der Narzisst zu solchen Dingen nicht fähig ist, weil er tief in seinem Inneren keine Eigenliebe, nur Wut, nur Verachtung, nur den Wunsch hat, andere dazu zu bringen, sich seinen Wünschen zu beugen.

Die andere Möglichkeit ist, dass der Narzisst versucht, Sie mit Gewalt dazu zu zwingen, zu ihm oder ihr zurückzukehren. Er könnte Sie mit emotionaler Erpressung bedrohen oder Drohungen aussprechen, die Ihre Familie oder Ihre Kinder, vielleicht sogar Ihr Haustier, betreffen! Wenn Sie gegenseitige finanzielle Beteiligungen haben, drohen sie vielleicht damit, Sie wegen der ganzen Sache zu verklagen oder Sie vor Gericht zu zerren, bis Sie zu unglücklich sind, um weiter zu kämpfen. Neben einem Unterstützungsnetz und einem guten Therapeuten könnte es jetzt entscheidend sein, einen Rechtsbeistand zu finden. Für weibliche Missbrauchsopfer helfen viele Organisationen mit kostenlosem Rechtsbeistand, damit Sie wieder auf die Beine kommen und ein neues Leben beginnen können.

Es gibt inzwischen viele Selbsthilfegruppen für Opfer von narzisstischem Missbrauch. Männer, Frauen und Kinder narzisstischer Eltern lernen, dass die Kraft in guter Gesellschaft liegt gibt und dass sie mit Sicherheit nicht allein sind. Suchen Sie, bis Sie eine Gemeinschaft finden, die Ihnen helfen kann, zu erkennen, dass es nicht "alles in Ihrem Kopf" war und dass Ihre Ängste und Erfahrungen real und nicht eingebildet waren. Erfahren Sie, wie andere ihre Tortur überlebt haben, und machen Sie sich Notizen für den weiteren Weg. Kein Opfer sollte allein kämpfen müssen; es gibt zu viele Ressourcen, die dem Missbrauchsopfer zur Verfügung stehen, um das zuzulassen.

Vielleicht müssen Sie auf dem Weg zur Heilung Opfer bringen. Oft werden Opfer von Narzissten impulsiv und ergreifen die

Gelegenheit, wenn ihre Stärke am größten ist oder wenn ihr Partner nicht zu Hause ist. Sie haben vielleicht Habseligkeiten, die sie zurückgelassen haben. Wenn Sie diese zurückholen müssen, bringen Sie einen Freund oder mehrere Freunde mit. Einer kann das Sprechen für Sie übernehmen, ein anderer kann Sie durch die Erfahrung coachen und die beleidigenden Worte des Narzissten wirkungsvoll ausblenden; ein weiterer kann den Moment für zukünftige Beweise festhalten. Engagieren Sie den Narzissten nicht allein - es wäre besser, die zurückgelassenen Habseligkeiten als Verlust zu betrachten, als zu riskieren, zur Rückkehr in die Beziehung genötigt zu werden.

Glauben Sie, dass Sie, wie so viele andere vor Ihnen, die Kraft haben, sich von narzisstischem Missbrauch zu befreien. Sich einfach die Zeit zu nehmen, um etwas über Narzissmus und die Art und Weise zu lernen, wie er sich auf alle um Sie herum auswirkt, war ein wichtiger Schritt auf Ihrem Weg oder auf dem Weg eines geliebten Menschen, der leidet. Danke, dass Sie sich genug Sorgen machen, um etwas Besseres für sich und Ihre Familie zu wollen.

Lightning Source UK Ltd.
Milton Keynes UK
UKHW021120100720
366327UK00012B/1272